Vom Silberbergbau zum Uran im Erzgebirge

- Ein Bergmann erzählt -

Erzählung: Werner Opitz Fotos: Harald Häckel

Verlag Häckel Oberwiesenthal

Titelbild: Obersteiger Udo Weißbach , von der Bergbrüderschaft Geyer

Layout und Satz: H. & S. Häckel
Druck: Sebald Sachsendruck Plauen
ISBN 3- 9803680- 1- 7

Vorwort

Der Verfasser versucht, die schwere Arbeit des Bergmannes im allgemeinen, besonders seine eigenen Erfahrungen in der Zeit des Uranbergbaues, wie er im sächsischen Erzgebirge von 1946 bis in die fünfziger Jahre und später noch in Ostthüringen stattfand, wiederzugeben. Eine Zeit voller Umwälzungen und Ereignisse bestimmte über die Menschen in der Region.

Das Geschriebene soll auch dem Gedanken an die zahlreichen Bergleute gewidmet sein, welche bei ihrer risikoreichen Arbeit die Gesundheit opferten, ja selbst ihr noch oft junges Leben dafür hingaben. Im Anschluß sind die Schaubergwerke und bergbautechnischen Denkmale des Erzgebirges aufgezeigt und erläutert.

Riesige Abraumhalden an vielen Orten des Erzgebirges zeugen von der harten Arbeit der „Wismut"- Kumpel, aber auch von der Gefahr, welche das Uranerz in sich barg. Heute noch und für lange Zeit wird in den Halden radioaktive Strahlung nachweisbar sein.

Die St .Wolfgangs Kirche in Schneeberg. Im Jahre 1477-1478 in erster Bauausführung errichtet, später mehrfach baulich erweitert, bildete das Zentrum der dort ansässigen gläubigen, überwiegend in den Bergwerken beschäftigten Bevölkerung. 1719 wurde die Kirche im Spätbarock erneuert und erweitert, 1945 durch Kriegseinwirkung stark beschädigt und wiederaufgebaut. Die Bergstadt Schneeberg ist heute Zentrum erzgebirgischer Folklore und bergbaulicher Tradition. Alljährlich wird das Lichtelfest für tausende Gäste zu einen besonderen Erlebnis.

Einleitung

Das Erzgebirge mit seinem Generationen währenden Abbau an Silber und einer Reihe anderer Erze und Mineralien bis hin zum Uran verdankt diesen Reichtum seiner geologischen Struktur. Seine Entstehung in der jetzigen Form einschließlich des in der Tschechischen Republik gelegenen südlichen Vorlandes fand, historisch-geographisch betrachtet, in vier Etappen statt, nämlich

- dem varistischen Gebirge im Oberkarbon-Rotliegenden;
- der darauf folgenden Einebnung in Kreidezeit und Tertiär;
- der Hebung des Gebirges und Einsenkung des Ohregrabens (tschechischer Teil) im Jungtertiär mit Basaltvulkanismus und schließlich
- der Zertalung der gehobenen Erzgebirgsscholle bis zur Gegenwart.

Am Scheibenberg findet der Wanderer, weithin sichtbar, die Reste eines lebhaften Vulkanismus aus senkrecht aufragenden Basaltsäulen, die eine Höhe bis zu 40 Meter erreichen. Sie stehen auf einen Sockel von Glimmerschiefer, denen sandige Tone von großer Mächtigkeit unterlagert sind.
Der Berg steht heute unter Naturschutz. Er ist ein lohnendes Studienobjekt für geologisch Interessierte und ein beliebtes Ausflugsziel für Touristen.

Besonders beachtlich sind die aus dem Vulkanismus entstandenen Basaltberge mit ihren markanten Säulen am Scheibenberg, Bärenstein, Pöhlberg, Geisingberg und Hirtstein. Diese und weitere Erhebungen wie der Fichtelberg und der Keilberg haben dem Erzgebirge das eigentliche jetzige Gepräge gegeben. Die heutige Gebirgsform entstand etwa in den letzten 1-2 Millionen Jahren. Die Hauptgesteinsarten sind überwiegend Gneise, Basalt, Quarzite, Granite und Glimmerschiefer.

Im Norden wird das Erzgebirge vom erzgebirgischen Becken auf der Linie Zwickau - Chemnitz - Frankenberg - Nossen begrenzt, während der Süden als Erzgebirgsabbruch steil abfallend im Ohretal den Abschluß bildet. Im Westen vollzieht es einen nahtlosen Übergang in das Thüringer Schiefergebirge und im Osten an das Elbsandsteingebirge.

Das sächsische Erzgebirge mit seinen sanften Bergen und Tälern, aber auch mit seinen schroffen, steil aufragenden Felsen ist eine der schönsten Landschaften Deutschlands. Und es lohnt sich immer, diese Gegend näher kennenzulernen, sich mit ihrer Geschichte und Gegenwart zu befassen, sie zu schätzen und zu lieben.

Der Hirtstein erreicht eine Höhe von 891 Meter über NN. Er ist ein Zeugnis des tertiären Vulkanismus im oberen Erzgebirge. Bei Satzung gelegen, stellen seine fächerartigen Basaltsäulen eine imposante Erscheinung dar als oberes Ende eines mit Basalt gefüllten Vulkanschlotes.

Auch der Pöhlberg hat seinen Ursprung im Vulkanismus, an seinen Basaltsäulen („Butterfässer“ genannt) gut erkennbar. Jedoch ist er kein vulkanischer Kegelberg, sondern ein Erosionsrest plattenartiger Talergüsse. Seine Form als Tafelberg erhielt er im Laufe der Zertalung im Spättertiär, ähnlich dem Scheibenberg.

Am 19. April 1906 kam der bedeutende französische Physiker Pierre Curie durch einen tragischen Unfall ums Leben. Ihm und seiner Ehefrau Marie Curie verdanken wir die Entdeckung der Radioaktivität, für die sie gemeinsam mit dem Physiker Becquerel 1903 den Nobelpreis erhielten. Bei einem aus diesem Anlaß gehaltenen Vortrag sagte Curie im Glauben an die Verantwortlichkeit der Wissenschaft und im Glauben an das Gewissen der Menschheit unter anderem:

„... man kann auch annehmen, daß das Radium in verbrecherischen Händen sehr gefährlich werden könnte, und hier stellt sich die Frage, ob es für die Menschheit vorteilhaft ist, die Geheimnisse der Natur zu kennen, ob sie reif genug ist, sich diese Geheimnisse nutzbar zu machen, oder ob diese Erkenntnisse ihr schädlich sind.... .“ Beides ist Jahrzehnte danach eingetreten, und heute noch immer sind die Depos voll von Atomwaffen.

Die gemeinsamen wissenschaftlichen Arbeiten dieser Physiker lösten 1896 das Rätsel um die Geheimnisse der Uranstrahlen, finden 1898 in der Pechblende die neuen Elemente Polonium und Radium und schufen damit der Wissenschaft und der Menschheit ein neues Wissensgebiet. Damit wurde das Tor geöffnet für die Kernphysik, für den Beginn des Atomzeitalters.

Diese Forschung wurde weitergeführt von Frederic und Irene Joliot-Curie, Pierre Curies Tochter und seinem Schwiegersohn. Für ihre Ergebnisse und weitere Entdeckungen erhielt das Ehepaar 1935 ebenfalls den Nobelpreis. Die großen Leistungen brachten vor allem der Medizin wertvolle Fortschritte, deren Bedeutung bis heute immer mehr zunimmt, was auf technische Wissensgebiete gleichfalls zutrifft.

Uran ist ein radioaktiv strahlendes Element und kommt in der Natur nur chemisch gebunden vor. Hauptminerale bilden Uraninit (Pechblende), Carnotit und Uranglimmer, letzteres als Sekundärbildung auf Uranerzlagerstätten in verschiedenen Arten, deren wichtigste Vertreter Torbernit (Kupferuranglimmer) und Uranocircit sind. Ihre Vorkommen im Granit, grauen Gneis und Glimmerschiefer brachte dem Erzgebirge und dem Thüringer Raum um Ronneburg einen jahrelangen Erzabbau. Selbst im Elbsandsteingebirge wurde man fündig. Radium, ebenfalls ein chemisches Element und Schwermetall, findet sich als Zerfallsprodukt in Uranmineralien, besonders in der Pechblende, dem Uranpecherz. Zur Radiumgewinnung sind allerdings große Mengen von Uranerzen notwendig. Das Mengenverhältnis liegt bei etwa 0,15 Gramm je Tonne Uranerz. Uraninit erlangte seine größte Bedeutung mit der Entdeckung der Kernspaltung.

Ein anderes stark radioaktives Mineral stellt Autunit (Kalkuranglimmer) dar. Es erscheint im Erzgebirge besonders im Raum Aue, Schneeberg und Schwarzenberg als Lagerstätte, auch im Granit.

Uranerze kommen in Deutschland ebenfalls in Baden-Württemberg und in der Oberpfalz vor.

Tief aus der Erde reichen Schoß
brachet ihr das Erz.
Und die Halden voller Stein
wuchsen himmelwärts.
Es diene dem Frieden, wurde gesagt,
das Erz mit dem Namen Uran.
Zum Segen der Menschheit würd' es geborgen,
und kaum einer zweifelte daran.
Der Bergmann hat sein Leben riskiert,
und mancher hat es verloren.
Nie wieder wollt für den Krieg er schaffen,
so haben es viele geschwor'n.
Doch nicht nur dem Guten hat es gedient,
das strahlende Element.
Noch drohen der Menschheit
die Bomben der Welt,
für den Frieden, wie man es nennt.
Wann endlich werden die Völker gescheit,
wann werden die Großen versteh'n,
daß das Atom nur zum Guten bestimmt
und nicht, damit Leid kann geschehn?

Werner Opitz

Huthaus des Schaubergwerkes „Glöckl“ in Johanngeorgenstadt.
Als Huthaus bezeichnet man ein Gebäude, das zur Aufbewahrung von bergmännischem Gezäh, Grubenlampen und sonstigem Werkzeug dient. In ihm befand sich meist auch eine Betstube, in der sich die Bergleute vor jeder Einfahrt zur Andacht versammelten.

Die Silberzeit

Es soll im Jahr 1168 gewesen sein, als man im Meißner Land das erste Silber fand. Ob die Finder Fuhrleute oder Reisende gewesen sind, die das Erzgebirge durchquerten, oder vielleicht Bauern beim Roden der Wälder fündig wurden, ist nicht mehr nachweisbar.
Weitere Silberfunde hatten eine zunehmende Besiedlung des Erzgebirges unter Markgraf Otto von Meißen zur Folge. Besonders fehlten Fachleute und Männer vom derben Schlag, die in der Lage waren, die harte Bergmannsarbeit über- und untertage zu vollbringen. Bei Freiheit der Person und Befreiung von Grundlasten verspricht der Markgraf bei Abgabe des Fronteils allen zugewanderten Bergleuten das Recht zum Schürfen nach Silber überall dort, wo man es vermutete. Diese Kunde, durch Kuriere in andere Gegenden der Nachbarländer und -grafschaften getragen, verfehlte nicht ihre Wirkung. Von diesen Vorrechten angelockt, kamen viele, um ihr Glück im noch „wilden“ Erzgebirgsland zu machen.
Für den Neuling als Bergmann eröffnete sich mit der Tätigkeit in der Finsternis des Berginneren eine bisher unbekannte Welt der Arbeit. Mit einem Öllämpchen als einzigem Licht im Dunkel, mit Brecheisen und Schlägel drangen sie in die Unterwelt vor. Zu Beginn war es nur reine Handarbeit. Technische Hilfsmittel kannte man noch nicht. Dazu kamen die Schwierigkeiten des unwegsamen Geländes im Gebirgsurwald, „Miriquidi“ genannt, der fast das ganze Erzgebirge bedeckte. Die wenigen vorhandenen Siedlungen reichten nicht aus, um die zunehmende Bevölkerung zu ernähren. In den meist kinderreichen Familien klopfte oft genug der Hunger an die Türen. Handelsleute schafften die nötigen Nahrungsmittel heran und ließen sie sich reichlich in Silbergroschen bezahlen. Die Arbeit der Bergleute war seit jeher schwer und voller Gefahren. Im Dunkel der Erde blieb deren Schaffen von Risiken und Wagnissen geprägt. Die allgemeine Unkenntnis der geologischen Zusammenhänge der Lagerstätten von Erzen und Mineralien und die von Zufällen abhängigen Funde förderten den Aberglauben und die Entstehung von Sagen. So kamen auch viele Namensbezeichnungen für Stollen und Schachtanlagen zustande, die sie bis in die Gegenwart behielten. Das Volk glaubte in damaliger Zeit fest an Zwerge, Berggeister und Kobolde, welche die eigentlichen Herrscher der Berge seien. Auch nutzte man öfter die Namen Heiliger und gab diese den neu entstandenen Schürfungen und Gruben in der Hoffnung, daß unter deren Schutz Glück und Reichtum beschert würde. Namen wie Sankt Georg, Himmlisch Heer, Hilfe Gottes, Vater Abraham, Himmelreich, Sankt Johannes und Palmbaum zeugen davon.

Über die Entstehung der Namen für Bergwerke seien zwei Beispiele als Legenden wiedergegeben:
Unweit der heutigen Stadt Marienberg lebten auf einer Ansiedlung drei Brüder, die vor einiger Zeit eingewandert gewesen sind, da sie von dem „Berggeschrey" der Silberfunde erfahren hatten. Sie betrieben vorerst Landwirtschaft und hielten sich auch einiges Vieh.
Eines Nachts erschien einem der drei Brüder im Traum ein Zwerg, der einen hell glänzenden Stein bei sich trug und immerzu ein Zeichen in eine bestimmte Richtung gab. Am Morgen erzählte der Bauer dies seinen Brüdern, die aber mit einer Deutung nichts Vernünftiges herausfinden konnten. Tags darauf fuhren die drei zufällig in die besagte Richtung mit ihrem Ochsengespann, um Bäume zu roden. Es war ein warmer Tag, und die schwere Arbeit brachte sie arg in Schweiß. Bei einer Ruhepause geriet ihr Blick auf das steinige Wurzelloch eines umgestürzten Baumes. Sie sahen zwischen dem lockeren Felsboden einige Brocken graufunkelnden Erzes und hatten einen Silbergang gefunden. Die drei Brüder fingen an zu schürfen, und es entstand bald darauf ein Bergwerk, dem sie den Namen „Drei Brüder" gaben. Da sie in der Nähe zu späterer Zeit erneut fündig wurden, nannten sie die neue Grube zum Unterschied „Neue drei Brüder". Die Ausbeute war wohl recht gut und brachte ihnen Reichtum. Die Anhöhe im Wald bei Marienberg nannte man später „Drei-Brüder-Höhe".

Bei einer anderen Begebenheit soll sich folgendes zugetragen haben:
Als in Johanngeorgenstadt der Silberbergbau im Entstehen war, sei eines Nachts an einem Berghang ein zartes Glockengeläut zu vernehmen gewesen. Ein vorbeikommender Forstmann, der nach einem kleinen Zechgelage vom Wirtshaus heimwärts ging, hatte es deutlich gehört. Da er etwas unter Alkohol stand, beachtete er aber die Geräusche nicht weiter. Am Morgen jedoch ging ihm das Geläut nicht aus dem Sinn. So beschloß er, mehr aus Neugier, nach Eintritt der Dunkelheit den besagten Ort erneut aufzusuchen. Und wieder vernahm er das wunderbare leise Geläut. An gleicher Stelle grub man danach und wurde bald fündig. Das entstehende Bergwerk brachte reiche Silberfunde. Als Namen aber bekam die Schachtanlage die Bezeichnung „Glöckel", die sie bis heute behalten hat.
All diese Namen trugen später amtlichen Charakter und fanden auch Eintrag in das Bergregister zu Freiberg.
Bemerkenswert ist, daß die Schachtanlagen und Stollen ihre alten Namen auch in der Zeit des Uranbergbaues unter sowjetischer Regie behielten.
Sage oder wahre Begebenheit, diese Frage ist oft an die Bergmanns-

Zeitzeugen des Zinnbergbaues in Ehrenfriedersdorf an der Bundesstraße . ... Hinweis auf das Besucherbergwerk..

geschichten gestellt worden, wobei allerdings viele Vorkommnisse mit Jahr, Tag und Ort belegbar waren. So auch die berühmte Lange Schicht zu Ehrenfriedersdorf. Sie enthielt in Kurzfassung folgendes Ereignis:
Auf der Zinngrube in Ehrenfriedersdorf ereignete sich 1508 im Stollen „Gutes Glück" bei einer Vortriebsarbeit ein schrecklicher Unfall durch Einsturz der Firste. Dabei wurde der Bergmann Oswald Barthel von den Gesteinsmassen verschüttet. Tagelanges Bemühen seiner Kameraden, ihn zu retten, blieb erfolglos. Immer neue Masse löst sich im Berg, so daß jeder Versuch zu helfen aufgegeben werden mußte. Barthel war noch jung, und zu Hause wartete seine Braut vergebens auf ein Wiedersehen. Erst nach 60 Jahren, als man in der Nachbarfundgrube einen neuen Stollen vorantrieb, stieß man auf den Ort des Geschehens und fand die Leiche, noch erkennbar erhalten. Sie wurde geborgen. Mit einem feierlichen Begräbnis ehrte man den verunglückten Bergmann. Auch die lange Jahre allein gebliebene Braut und drei seiner damaligen Kameraden erlebten diesen Tag noch. Man schrieb damals den so wunderbaren Erhalt des Toten den allgegenwärtigen Berggeistern zu.
Sagen sprechen auch aus, wie manche Erze oder Minerale zu ihren Namen gekommen sind. So die Bezeichnung „Pechblende". Ein tschechischer Bergmann erzählte mir darüber folgendes:
Vor langer Zeit, etwa zwischen 1700 und 1800, als das Uranerz noch nicht bekannt und seine Strahlung noch nicht entdeckt war, fanden die Bergleute von Sankt Joachimsthal (Jachymov) auf der Südseite des Erzgebirges beim Graben nach dem begehrten Silber in den Erzgängen ein pechschwarzes Mineral, welches nutzlos schien. Man hielt es für eine unerwünschte Vorankündigung, daß die angetroffenen Erzadern bald in taubes Gestein übergehen würden. Da dies mitunter auch zutraf, bezeichnete man das Mineral als „Pech", als kein Glück. Daraus wurde Pechblende, der Zweitname für das Uranpecherz.
Von den Mineralien Kobalt und Nickel erzählt die Legende über das Zustandekommen dieser Namen, daß diese von den unterirdischen Geistern Kobold und Nickel stammten. Sie hätten aus Haß gegen die Menschen Silber in andere Stoffe verwandelt. Dieses geschah, so die Legende, zu einer Zeit, in der die Bergleute noch nichts mit jenen beiden Erzen anzufangen wußten. Erst viel später kam es zum begehrten Abbau deren Lagerstätten.
Blieb bei einer erfolgreichen Schürfung die Fündigkeit plötzlich aus oder kam es zu einem Unfall, schrieb man die Schuld meist bösen Geistern und Fabelwesen zu, die mißgestimmt waren oder die man beleidigt hatte. Zur Strafe sorgten diese dafür, daß der Bergmann nur noch nutzloses Gestein brach. Der gab schließlich den Fundort auf und bemühte sich an anderer

Traditionspflege im reizvollen Schwarzwasser- und Preßnitztal.

Weihnachtsmarkt in Schwarzenberg mit abschließender Bergparade.

Große Bergparade zum Schneeberger Lichtelfest. Trachtenträger aus dem ganzen Erzgebirge nehmen daran teil.

Stelle aufs Neue mit einer Schürfung. Auch hierzu hat das Fabelwesen eine Reihe Sagen hinterlassen.

Dies alles muß man zeitlich den beiden Anfangsjahrhunderten des Silberbergbaues zuordnen. Später änderte sich die Beziehung Mensch,-Berg,-Glaube wesentlich. Den Aberglauben löste bei den meisten Bergleuten der christliche Glaube ab, ja er entwickelte sich zu einer tiefen Gläubigkeit. Nicht zuletzt, weil die Arbeit des Bergmannes fern vom Licht der Sonne stets voller Gefahren gewesen ist. Mit dem Entstehen der neu gegründeten Bergstädte wuchsen auch die Kirchen, von denen zahlreiche an die Bedeutung des Bergbaues und seiner Gläubigen erinnert. So entstand im Dom zu Freiberg die berühmte Tulpenkanzel mit Motiven der ersten Silberfunde oder die Bergmannskanzel mit Darstellungen von Bergleuten. Die Sankt-Wolfgangskirche in Schneeberg, 1477/78 in erster Bauausführung errichtet, später mehrfach baulich erweitert, bildete das Zentrum der dort ansässigen gläubigen, überwiegend in den Bergwerken beschäftigten Bevölkerung.

Auch die Sankt-Annenkirche der Bergstadt Annaberg zeugt vom christlichen Glauben der Bergleute, nicht zuletzt mit ihrem Bergaltar, einem Kunstwerk von großer Aussagekraft mit Bildwerken von Hans Witten und Hans Hesse (1521).

Bevor die Bergleute in die Gruben einfuhren, versammelten sie sich im Huthaus, welches einen Betraum aufwies, zur Andacht. Dieser Handlung schloß sich keiner aus. War es doch der Halt und die Hoffnung eines jeden, behütet und gesund die Schicht zu beginnen und zu beenden. Die Bergstädte hatten eigens für die zahlreichen Bergarbeiterfamilien Bergprediger, die regelmäßig Gottesdienste abhielten.

Diese Tradition hat die Zeiten überstanden und sich bis heute erhalten. In Schneeberg finden immer noch zweimal jährlich Bergpredigten statt, reich besucht, so auch in anderen zahlreichen Kirchen des Erzgebirges.

Mit den Jahrzehnten stieg auch das Selbstbewußtsein der Bergleute. Erste Arbeitskämpfe zur Durchsetzung der Lohn- und Arbeitszeitforderungen blieben nicht aus (1453, 1470). Die Gründung von Bergbrüder- und Knappschaften unterstützte die Durchsetzung dieser Forderungen und die Einhaltung der Bergfreiheit und damit die den Bergleuten zustehenden Privilegien. Sie bedeuteten einen Fortschritt ohnegleichen. Wer als Bergmann arbeitete, war vom Landesherrn selbst vom Soldaten- und Kriegsdienst befreit. Kam es dennoch in einzelnen Fällen zur Nichteinhaltung jener Festlegung, wurde durch die Knappschaft selbige mit Zustimmung des Landesherrn durchgesetzt. Dabei hatten es die

Knappschaften oft nicht leicht, die Rechte des Bergmannes einzufordern oder erste soziale Errungenschaften zu verteidigen.
Es bildeten sich nach und nach Fachleute heraus, ausgehend von der jahrelangen Erfahrung in den Bergwerken. Auch wurden Fachkräfte aus anderen Gegenden angeworben. Mit zunehmender Größe und Tiefe der Schachtanlagen wurde deren Betreibung und Erhaltung immer komplizierter. Die erste Technik hielt Einzug in den Gruben. Die Bergmeister forderten, oft mit dem notwendigen Nachdruck, Unterstützung von ihrem Landesherrn, die sie auch erhielten. War dieser doch an eine reiche Ausbeute von Silber zutiefst interessiert.
Die Arbeit der Bergleute aber blieb hart und schwer. Um den festen Fels im Berge mürbe zu machen, wurde mancherorts Feuer gesetzt, wobei der Stein glühend heiß erhitzt und danach plötzlich abgekühlt und dabei locker wurde. Dies brachte jedoch eine starke Rauchbelastung der überwiegend ohne Frischluftzufuhr bestehenden Stollen und Gruben. Schwer war auch das Herausfördern des Gesteins und der Erze. Alles geschah mit Muskelkraft, teils über Haspeln oder auch mittels schwergängigen Wagen (Hunte). Vereinzelt gab es auch schon von Pferden getriebene Göpel, die bereits einen Fortschritt bedeuteten. Nach der Förderung mußten die Erze aufbereitet werden, das hieß, sie von taubem Gestein zu trennen, damit beim Schmelzen möglichst wenig Schlacke anfiel. Die Trenn- oder Scheidearbeit war eine schlecht bezahlte, staubige Angelegenheit und wurde oft von Frauen und Kindern durchgeführt.
Zu dieser Zeit, um 1520, befaßte sich ein Gelehrter, Georgius Agricola, welcher längere Zeit in Sankt Joachimsthal wohnte und als Arzt und Wissenschaftler wirkte, intensiv mit den Problemen des Erzbergbaues. Die Silbergewinnung in dieser Gegend des Erzgebirges war zu jener Zeit besonders erfolgreich. Agricola stieg auch in die Bergwerke mit ein, und sein Interesse wuchs nicht nur für die Mineralien, sondern auch nunmehr für den Abbau, die Erzaufbereitung und die technischen Erneuerungen. Er fertigte Zeichnungen zu den Techniken des Bergbaues, machte Vorschläge zu deren Verbesserung und kümmerte sich als Arzt um die Gesunderhaltung der Bergleute. Schließlich gipfelt seine Berühmtheit in seinem zwölfbändigen Werk über den Bergbau und das Hüttenwesen (De re metallica).
Nach zeitweiligem Rückgang des Bergbaues, nicht zuletzt durch Seuchen und Kriege im 16. und 17. Jahrhundert, kam es danach zum erneuten Aufblühen der Silberbergwerke. Die Technik in den Gruben machte Fortschritte, und dieser Aufschwung war mit Anlaß zur Gründung der Bergakademie in Freiberg im Jahr 1765, der ersten und ältesten bergbautechnischen Hochschule der Welt. Damit wurde Freiberg zum

Zentrum der Bergwissenschaften. Zahlreiche Gelehrte von internationalem Ruf sind aus ihr hervorgegangen. Zu den Schülern zählten unter anderem Alexander von Humboldt, Freiherr von Stein und der Bergmeister Friedrich Wilhelm von Trebra, der sich besonders im Marienberger Bergrevier verdient machte.
Die Einführung von Goldmünzen als Zahlungsmittel im 19. Jahrhundert und der Verfall des Silberpreises sowie der Rückgang der Ausbeute in den Silbergruben, aber auch der steigende Kostenaufwand für deren Betreibung brachten den endgültigen Niedergang des Silberbergbaues im Erzgebirge.
In einigen Gruben, wie im Raum Freiberg, Johanngeorgenstadt und Schwarzenberg, fand noch bis in die Mitte des 20. Jahrhunderts der Abbau von Buntmetallerzen statt. Doch auch hier kam deren Gewinnung wegen Unrentabilität und zu hohen Kosten zum Erliegen.
Die Ausbeute an Silber im sächsischen Erzgebirge brachte zum Beispiel in den Jahren 1511 bis 1520 im Durchschnitt 6300 kg pro Jahr. Allein der Freiberger Silberbergbau hatte einen Gewinn an Feinsilber seit den Anfängen des Bergbaues bis vor Beginn des 1. Weltkrieges 1913 von etwa 5,5 Millionen kg (Schätzung).
Was geblieben ist, sind die vielerorts entstandenen Bergaufschlüsse,

Georgius Agricola (1494-1555). Ihm kommen große Verdienste bei der technischen Verbesserung der Bergwerke zu. Besondere Ehrung fand dieser Gelehrte im Agricolajahr 1994 aus Anlaß seines 500. Geburtstages, wie hier in St. Joachimsthal.

Stollen, Schürfgruben und Halden als Zeugen jener Zeit, in der viele Generationen von Menschen gewirkt haben.
Der Name Erzgebirge hat seinen Ursprung jedoch nicht nur aus den zahlreichen Silbervorkommen, sondern auch wegen einer Reihe anderer Erze und Mineralien, die vielerorts gefunden und seit alters her abgebaut wurden. Deren Aufbereitung erfolgte zumeist in der näheren Umgebung der Fördergruben, nicht zuletzt wegen der geringeren Transportwege.
Zu den abbauwürdigen Bodenschätzen gehörten insbesondere die Erzminerale von Blei, Zink, Arsen, und diese vorwiegend in den Freiberger Revieren. Nickel, Kobalt und Wismut fand man vor allem im Raum Schneeberg, als dort die Silberfunde geringer wurden. Der Zinnbergbau blühte viele Jahre bis in die Gegenwart im Gebiet um Altenberg und Ehrenfriedersdorf. Lange Zeit vorher war das Zinnvorkommen bei Geyer reichlich gewinnbringend.
Vor Jahrhunderten fand man Eisenerze, zum Beispiel im Preßnitztal und bei Pobershau, wo es auch verhüttet wurde. Im tschechischen Teil des Erzgebirges gab es gleichfalls mehrere Eisenvorkommen.
Selbst im oberen Erzgebirge sind den Gneisen und Glimmerschiefern nutzbare Metalle eingelagert. So bei Hammerunterwiesenthal kristalliner Kalk (Marmor). Sein Abbau erfolgt über- und untertage. Kalkvorkommen gab es auch im Heidelbachtal und bei Lengefeld, wo er zugleich aufbereitet (gebrannt) wurde.
Unweit von Zöblitz befindet sich ein Vorkommen von Serpentinstein (Serpentinit), der als wertvolles Material in Architektur und Kunstgewerbe gilt und sogar Weltruf besitzt.
Nicht unerwähnt sei auch das Vorkommen von Steinkohle in den Ausläufern des Gebietes bei Ölsnitz und Zwickau, welche viele Jahrzehnte zum Abbau gelangte.
Insgesamt hat also der Name Erzgebirge seine volle Daseinsberechtigung, wenn auch die Silber- und später Urangewinnung den eigentlichen Ruhm einbrachte, wobei das Wort „Ruhm“ mit „Bedeutung“ gleichgesetzt werden sollte. Denn ob das Uran Ruhm einbrachte, sei dahingestellt. Manchen half es als Radium in der Medizin. Vielen brachte es aber auch den Tod, selbst ohne Kriege.

Bergparade zum „Tag der Sachsen" in Annaberg-Buchholz. Bergparaden sind alte Traditionen, die sich bis heute erhalten haben. An der Art der Trachten (Habit) läßt sich der jeweilige Berufszweig (z.B. Hüttenleute, Bergschmiede usw.) sowie deren Rang (Steiger, Grubenarbeiter) erkennen.

Im Heimatmuseum in Zöblitz kann man sehen, wie einst das Serbentingestein durch Drechseln zu schmuckvollen Gegenständen verarbeitet wurde.

Stolz präsentiert sich der Junge von der Bergbrüderschaft Thum in der Tracht des Hauers.

Das neue „Berggeschrey"

Als ich noch ein Schulbub war und mit meinen teils älteren Kameraden durch Wald und Flur stromerte, hatten uns stets die alten, längst verlassenen Mundlöcher der früheren Bergwerksstollen aus der Silberzeit fasziniert. Schon allein die über dem Zugang eingemeißelten Jahreszahlen, deren Daten weit über hundert Jahre zurückreichten, und die gekreuzten Eisen und Schlägel sowie die aus dem Inneren herausströmende feuchtkühle Luft machten uns besonders neugierig. Diese Stolleneingänge waren nur selten zugemauert, mitunter auch halb eingestürzt. So wurde uns der Zutritt nicht verwehrt, was wir zu nutzen verstanden. Mit Kerzen und Taschenlampen ging es hinein in die Finsternis, bis uns eine Einsturzstelle oder tiefer werdendes Wasser auf der Stollensohle zur Umkehr zwangen.
Die klitschigen, feuchten Wände, die hin und wieder mit Quarzadern durchzogen waren, die Stille im Berg und das Ungewisse, was vor uns zu erwarten war, ließen uns immer wieder aufs Neue solche Exkursionen vornehmen. Daß diese Unterfangen nicht ganz ungefährlich gewesen sind, wurde uns Jungen damals gar nicht bewußt.
Erst viel später habe ich mich in Büchern und Fachliteratur über Entstehung und Bedeutung des Silber- und Erzbergbaues der Anfangszeit belesen und interessiert.
Nach historischen Überlieferungen und urkundlichen Belegen hat der Erzbergbau im sächsischen Erzgebirge, insbesondere der von Silbererzen, im Meißner Land im Raum der jetzigen Stadt Freiberg im 12. Jahrhundert seinen Ursprung gefunden. Man entdeckte die Lagerstätten so oberflächennah, daß sie fast alle zutage standen. Die Funde waren Anlaß der zunehmenden Besiedlung des Erzgebirges, gefördert und unterstützt durch die damaligen Landesherren, denen der Silberreichtum äußerst willkommen war. Bald kam es zur Gründung der Stadt Freiberg, später im 15. Jahrhundert der „Silberstädte" Marienberg, Annaberg und Schneeberg, wo der Silberbergbau ebenfalls zu voller Blüte gelangte. In den Jahrhunderten fand man neben Silber auch verschiedene Buntmetalle, die über lange Zeit zum Abbau kamen und die für Gewerbe und Landesführung zu einem gewissen Wohlstand verhalfen. Zählte doch Sachsen zu den wohlhabendsten und fortgeschrittensten Regionen.
Erze und Metalle kommen in sogenannten Gängen vor, mineraliengefüllte Spalten im Fels unterschiedlicher Breite und Länge.
Während zu Beginn des Silberbergbaues noch wahllos und dicht unter der Erdoberfläche in Wald und Feld geschürft wurde, begann in den Folgejahren der eigentliche geordnete Bergbau, der auch in tiefere

Gebirgsschichten eindrang. Dabei traten aber auch die ersten Probleme auf. Besonders das im Berg anstehende Wasser machte den Bergleuten schwer zu schaffen. Schließlich war man gezwungen, tieferliegende Entwässerungsstollen anzulegen, die das anfallende Grundwasser ableiteten. Ein sehr aufwendiges Verfahren, aber zur damaligen Zeit unumgänglich.
Und das waren also die Stollen gewesen, in die wir Jungen unsere Expedition vorgenommen hatten. Auch trockene Strecken begingen wir, in denen wir hin und wieder erzhaltige Mineralien aufspürten.

☼

Die Zeiten sind vergangen. Aus uns Buben wurden junge Männer. Der zweite Weltkrieg lag hinter uns. Im Erzgebirge herrschten wie auch in anderen Gegenden Deutschlands Hunger und Not.
An einem sonnigen Tag im Mai 1947 war ich unterwegs, um die mit frischem Grün und duftenden Blumen geschmückten Wiesen und Berghänge zu genießen, aber auch, um einige Kräuter und Frühlingspilze zu suchen, damit der in dieser schweren Zeit karge Speisezettel etwas ergänzt werden konnte. Junge Löwenzahnblätter und Brennesseln, Mairitterlinge und Morcheln hatten mein Körbchen zusehends gefüllt. Der Monat war erst zur Mitte vorbei, doch die Brotrationen, die es auf die Lebensmittelkarten gab und die ganze 30 Tage reichen sollten, gingen kläglich zur Neige. Nichts war ausreichend, allerorts wurde improvisiert und organisiert.
Als ich wieder heimkam, glaubte wohl keiner von uns, daß die Nachkriegsnotzeit hier im Erzgebirge bald ein Ende haben könnte. Es hatte sich herumgesprochen, unbekannte Männer seien in alte Bergwerksstollen eingestiegen und hätten dort Inspektionen vorgenommen. Was mochte wohl die Ursache dafür sein? Silber und andere Erze abzubauen konnte sich kaum lohnen. Waren doch vor hundert und mehr Jahren die Gruben und Schächte wegen mangelndem Vorkommen der begehrten Metalle stillgelegt worden. Ja, man sprach sogar davon, daß im oberen Erzgebirge eine russische Bergbaufirma tätig geworden sei.
Meinen ersten Kontakt mit Leuten, die den neuen Bergbau vorbereiteten, ergab sich eigentlich ungewollt bei folgendem Erlebnis: Wir Burschen konnten es ja nicht lassen, immer wieder mal eine Exkursion ins Innere der Erde vorzunehmen. Das war nun mal unsere Stärke und Schwäche, unsere Leidenschaft, spannende Stunden im Ungewissen zu verbringen. So hatten wir uns wieder nach längerer Pause einen Bergwerksstollen aus jener längst vergangenen Zeit vorgenommen. In Igelitstiefeln, mit Messer, Taschenlampe und Hammer, Feuerzeug und Kerze stiegen wir ein. Unser Ziel war, eine alte Einsturzstelle zu überwinden, um die dahinter liegende

Strecke kennenzulernen. Solange wir das helle Tageslicht am Mundloch noch sehen konnten, war alles kein Problem. Als aber nach einer leichten Biegung des Stollens nur noch Finsternis herrschte, begann das bekannte Kribbeln in Bauch und Beinen. Das Licht unserer Lampen gab uns aber Mut und Zuversicht. Wir blieben hin und wieder stehen und lauschten in die Stille. Da und dort tropfte Wasser vom First auf die klitschige Sohle. Eine ewige Feuchtigkeit, die hier herrschte. An manchen Stellen war der Weg so eng, daß wir nur hintereinander gehen konnten. Bald hatten wir drei die Einsturzstelle erreicht. Der Stollen war zur Hälfte verschüttet. Wie es aussah, mußte der Einsturz schon vor sehr langer Zeit geschehen sein. Auf der oberen Masseschicht hatte sich ein grauer Belag gebildet, ähnlich eines Algenbewuchses. Seltsam, fern des Tageslichtes gab es auch hier Leben. Nach einigem Überlegen wagten wir, über den Schuttberg zu steigen. Doch weit kamen wir dahinter nicht mehr. Im Stollen stand Wasser, welches immer tiefer wurde und uns den Weg versperrte. Unsere Stiefel reichten bald nicht mehr aus. Wir fanden völlig zusammengerostete Eisenteile, die einem Werkzeug ähnelten. An der Wand zog sich ein Quarzgang entlang, der wunderhübsche Kristalle enthielt. Wir schlugen uns einige heraus und verstauten sie in unseren Rocktaschen.

Der Gefahr wegen, die uns umgab, hatten wir vor dem Einstieg einen Freund über das Vorhaben informiert und ihn beauftragt, wenn wir bis zum Abend nicht zurück seien, Hilfe zu holen und uns zu suchen. Doch weil uns das Wasser zum Rückzug zwang, war nun die Vorsichtsmaßnahme überflüssig. Noch im Berg, aber auf dem Rückweg, vernahmen wir bei einer kurzen Rast von fern näherkommende Geräusche, Stimmen und Klopfen. Wer konnte das wohl sein? Wir schauten uns etwas ratlos an. Viel Zeit zum Überlegen blieb nicht. Wir mußten versuchen, nicht entdeckt zu werden, aber wie und wohin? In eine enge Seitennische, die früher einmal irgend einen Zweck erfüllte, krochen wir hinein und harrten der Dinge, die da kommen sollten. Das Gestapf kam näher. Drei Männer mußten es sein. Zwei sprachen russisch, einer deutsch. Sie unterhielten sich laut, hatten elektrische Handlampen bei sich, klopften da und dort an First und Wände. Ihre Leuchten waren so gerichtet, daß diese nach vorn und oben strahlten. Das war unsere Chance. Jetzt mußten sie uns bemerken, wenn sie von der Felsnische Notiz nehmen sollten. Aber sie gingen vorüber, weiter nach hinten in den Stollen. Das Herz schlug uns vor Aufregung bis zum Hals. Wenn wir auch nicht gerade Angst verspürten, so war jener Augenblick doch recht unheimlich. Und dann noch Russen, wo keiner wußte, was sie vorhatten. Wir warteten noch einen Augenblick, schlichen so leise wie nur möglich auf das helle Mundloch zu nach draußen in die Freiheit. Erst dort wurde uns wieder wohler. Doch wir ahnten ein

wenig, daß das Ganze mit dem „Gerücht“ vom kommenden Bergbau zu tun haben mußte.
Ein Stück weg vom Stolleneingang stand ein russischer Jeep, in dem ein Soldat, der Fahrer, saß und eine Zeitung las. Er hatte uns nicht gleich bemerkt, lächelte, als wir vorübergingen, und nahm ansonsten keine weitere Notiz von uns.
Wir machten uns Gedanken, daß es wohl nun bald mit unseren privaten Exkursionen vorbei sein würde, denn irgend etwas war im Gange mit den zahlreichen ehemaligen, teils uralten Silberbergwerken, die es hier in unserer Gegend gab. Nach diesem Erlebnis konnten wir uns trotzdem noch nicht vorstellen, bald selbst einmal Bergmann zu sein. Wir kamen nicht einmal auf diese Idee, glaubten nicht, daß so ein altes Bergwerk in Betrieb gesetzt werden könne und überhaupt, was war denn schon aus den alten Stollen herauszuholen. Doch die Zeit arbeitete schneller, als wir zu denken wagten.
Da hatten russische mit deutschen Geologen, ohne deren Hilfe es nicht ging, ausfindig gemacht, daß noch ein anderes Erz hier im sächsischen Erzgebirge lagern mußte. Wurde doch im böhmischen Joachimsthal schon seit langem radioaktives Gestein gefunden und wurden, so wie in Ober- und Niederschlema, radioaktive Quellen gefördert und genutzt. Auch im Raum Freiberg und Königstein blieben diese Erkenntnisse nicht aus. Dafür sprach die geologische Formation des Gebirgsaufbaues. Nicht die vulkanischen Basalte waren der Schlüssel, sondern der erzehaltige graue Gneis, welcher bis in größere Tiefen reichte und auch in meiner erzgebirgischen Heimat reichlich anstand. Gneis ist ein weitverbreitetes metamorphes Gestein und enthält hauptsächlich Feldspat, Quarz und Glimmer. Er tritt vielerorts zutage in den verschiedensten Felsformationen. Je nach der Zusammensetzung kommt Gneis auch in anderen Farbvarianten vor.
Doch auch der Glimmerschiefer des Westerzgebirges versprach einen erfolgreichen Uranbergbau.
Hier mußte es lagern nach den Urteilen der Fachleute, das Uranerz mit der begehrten und so wertvollen Pechblende. Erste Schürfungen über- und untertage bestätigten die Vermutungen.
Die Bevölkerung des Erzgebirges konnte sich noch in keiner Weise vorstellen, was mit dem Bergbau auf sie zukommen sollte. Da aber der Erzgebirger seit jeher von Fleiß und harter Arbeit geprägt war, bestanden bei den Behörden keine Bedenken, daß er die kommenden Eingriffe in Leben und Gesellschaft und die daraus resultierenden Anforderungen nicht hätte meistern können. Außerdem hatten wir als Deutsche einen Weltkrieg verloren und die Pflicht zur Wiedergutmachung. Was wären da schon Einsprüche wert gewesen.

Bald darauf begann das große „Berggeschrey", wie es vor über 700 Jahren zur Silberzeit schon einmal aufkam und viele Menschen in das sächsische Gebirge lockte.
In den Regionen Johanngeorgenstadt, Aue, Oberschlema, Schneeberg, Marienberg und Annaberg begann die neue Zeit des Erzbergbaues. Bohrtürme sondierten in Hunderten von Metern Tiefe die Gebirgsschichten, während schon in alten Stollen das erste Uran gefunden und abgebaut wurde, besonders in Johanngeorgenstadt und Umgebung bereits 1946. Die Methoden, derer man sich bediente, waren noch äußerst primitiv, wenn auch die Maschinen und Bohrgeräte, meist russischer aber auch schwedischer Bauart, sehr robuste Beschaffenheit aufwiesen.
Es kamen bald nicht nur die einheimischen Arbeitskräfte zum neuen Bergbau, sondern viele auswärtige Menschen aus allen Gegenden der damaligen sowjetischen Besatzungszone. Auch waren es nicht nur Männer, welche sich für die bergbauliche Arbeit meldeten, sondern viele Frauen folgten dem Ruf des „Berggeschreys". Allerdings wurden auch zahlreiche Leute durch die Behörden zur Tätigkeit ins Uranbergwerk verpflichtet, einerseits welche, die wegen Straffälligkeit einsaßen oder solche, die den Ämtern als unbequeme Leute galten. So bestand die „Wismut", wie sich das Unternehmen nannte und eine sowjetische Aktiengesellschaft darstellte, bald aus einem völlig bunt zusammengewürfelten Volk an Arbeitskräften. Dies wirkte sich auch auf die Arbeitsmoral der Leute aus. Harte Auseinandersetzungen mit der Polizei und zwischen den Kumpels blieben nicht aus. Die Kriminalität blühte erst einmal kräftig auf. Mal verschwand ein Elektromotor, dann schmuggelte man Benzin oder Bauholz. Eisenbahnzüge wurden angehalten, wo die Kumpels gerade aussteigen wollten. Dieser Zustand bestand nicht nur von kurzer Dauer, sondern hielt mehrere Jahre an. Dazu war in einem Zeitungsartikel der „Chemnitzer Volksstimme" von 1949 noch zu lesen: „... jede Woche ist hier die Notbremse vier- bis fünfmal gezogen worden. Die Kumpels vom Bergbau erschweren uns den Dienst dermaßen, daß es an der Zeit wäre, einzugreifen. Das sagte ein Lokführer auf der Strecke Cranzahl - Oberwiesenthal (Schmalspurbahn). „...ja es gehe schon soweit, daß Kumpels, um nicht so weit bis zur Arbeitsstätte laufen zu müssen (Schachtanlage ‚Niederschlag'), einfach die Handbremse anziehen und dann abspringen."
Der „Wismut"-Bergbau hatte besondere Rechte, die nicht zuletzt auf der Grundlage der deutschen Reparationsleistungen als Kriegsfolgen in Anspruch genommen wurden. Bald kamen Gelände und Grundstücke, die man für bergbauliche Zwecke benötigte, in Beschlagnahme, und in Johanngeorgenstadt waren es sogar die Altstadt und der Friedhof, die den

Wismutkumpel bei Sanierungsarbeiten im heutigen Besucherbergwerk Pöhla. Die Einmaligkeit dieser Lagerstätte liegt in den größten Zinnerzvorkommen Osteuropas und dem einstigen Abbau von Uran. Die vielschichtigen geologischen und mineralogischen Strukturen machen dieses Besucherbergwerk zu einer besonderen Attraktion des neuzeitlichen Bergbaues.

Interessen der „Wismut" weichen mußten. Da halfen keine Einsprüche der Bewohner oder gar Proteste gegen diese Maßnahmen.
Der Bergbaubereich des Erzgebirges wurde großräumig zum Sperrgebiet erklärt. Ortsfremde durften nur mit Sondergenehmigung einreisen. Die einheimische Bevölkerung bekam dafür einen entsprechenden Vermerk in den Personalausweis und konnte sich frei bewegen. Als Bewohner dieses Gebietes hatten wir uns erstaunlich schnell an diese Regelung gewöhnt. Für Besucher war es schon eine erhebliche Einschränkung. Privatautos gab es in dieser Nachkriegszeit noch so gut wie keine, und in öffentlichen Verkehrsmitteln Bahn und Bus fanden laufend Ausweiskontrollen statt. Schon allein daran konnte man erkennen, welche Bedeutung dem begonnenen Uranbergbau zukam.

Als Lockmittel für die Bevölkerung und für die Durchführung der schweren Bergbauarbeit gab es hohe Löhne, höhere Lebensmittelzuteilungen als die der übrigen Einwohner, zumal in dieser Zeit noch alle Versorgungsgüter streng rationiert waren. Desgleichen lag die Zuteilung mit Textilien und Bekleidung verschiedener Art für die Bergleute weit höher. Dies war natürlich eine willkommene Situation, aus der insbesondere auch die einheimische Bevölkerung, welche nicht im Bergbau tätig war, Nutzen hatte. „Wismut"-eigene Handelseinrichtungen, meist als „Magazine" bezeichnet, und Gaststätten als Klubhäuser wurden eingerichtet. Ambulanzen zur medizinischen Betreuung entstanden, und Ärzte wurden zur Tätigkeit verpflichtet.
Bald mußte man einen umfangreichen Fuhrpark aufstellen, denn neben dem Transport des uranhaltigen Gesteins bedurfte es auch der Transportierung der Bergleute, zumal manche Schachtanlagen weit im Gelände, abseits der Verkehrswege verstreut lagen. Als Fahrzeuge dienten hauptsächlich Militärfahrzeuge der sowjetischen Armee, die vorher im Krieg Verwendung fanden. Zur Personalbeförderung wurden die Lastkraftwagen mit einem Aufbau der Ladefläche versehen. Holzbänke sorgten für eine wenn auch unbequeme Sitzgelegenheit. Im Winter pfiff die Eisluft durch die Ritzen der Bretterumhausung. Heizung gab es nur für den Fahrer in dessen Führerhaus. Zimperlichkeit war nicht angebracht.
In all diesem Wirrwarr der Nachkriegszeit und des wiederaufblühenden Bergbaues im Erzgebirge wuchsen wir jungen Menschen heran und standen den Verlockungen der Tätigkeit als Bergmann gegenüber. Da sich die meisten Bergwerksanlagen erst im Aufbau befanden, wurden immerzu neue Arbeitskräfte mit und ohne Beruf benötigt.
Und wer mal ein Bergmann gewesen ist, der erinnert sich heute noch gern an diese Zeit, in der er als Wismutkumpel unter- und übertage seine Pflicht getan hat. Geht oder fährt man jetzt durch diese ehemalige Bergbaulandschaft, sieht man des öfteren noch mächtige Steinhalden himmelwärts emporragen als Überbleibsel des Uranbergbaues.
Nur, daß sich heute auf diesen künstlichen Bergen längst Bäume und allerlei Strauchwerk angesiedelt haben. Allmählich hat sich auf diesen Gesteinsmassen eine dünne Humusschicht gebildet, die dem Grün die nötige Nahrung gibt.
Auch muß man bedenken, daß das, was übertage aufgeschüttet liegt zu hohen Steinpyramiden, in der Tiefe fehlt. Zeugen doch die Halden vom Fleiß und Schaffen der Bergleute. Und untertage sind eine Menge Strecken und Querschläge durch den Abbau entstanden, daß man sich leicht verlaufen könnte, würde man heute hinabsteigen.
In den größeren Schächten wurden in der späteren Zeit Elektroloks ein-

gesetzt, welche die Züge mit den Abraummassen transportierten und bis zum Förderschacht brachten.
Was in den Anfangsjahren des Uranbergbaues kaum einer der Leute wußte, war die Gefahr der radioaktiven Strahlung, welche das Erz abgab, unsichtbar, unerkennbar. Und wer etwas davon wußte, hat die Gedanken einfach verdrängt. Der Vortrieb und die Planerfüllung hatten den Vorrang, was sich wiederum materiell auswirkte.
So wurde in dieser Zeit vielerorts noch trocken gebohrt. Das hieß, die Bohrmaschinen vor Ort besaßen keine Wasserspülung, die den Steinstaub gebunden hätte. Die beim Bohren austretende Preßluft und der Bohrstaub sorgten für einen die Gesundheit ruinierenden Staubnebel, der außerdem oft auch radioaktiv war. Ich kannte zahlreiche Kumpel, die als Hauer zwar gute Arbeit leisteten, aber das Ganze mit ihrem jungen Leben bezahlen mußten. Herz und Lunge haben der Belastung und Strahlung nicht standgehalten.
Dann wurde oft Sprengstoff zum Vortrieb verwendet, der eigentlich nur in Steinbrüchen übertage zur Anwendung kommen durfte. Untertage verbreitete er ein Gas, wovon vielen Kumpels so übel wurde, daß sie an die frische Luft nach draußen gebracht werden mußten.

All das bis hierher Geschilderte war mir bis zu Beginn meiner Bergbauzeit noch völlig unbekannt. Ich spielte mit dem Gedanken, auch Bergmann zu werden, wie es Gleichaltrige bereits getan hatten.
Diese Überlegung zog sich etliche Wochen hin. Doch die Notzeit der damaligen Nachkriegsjahre und die Aussicht auf besseren Lohn und besseren Wohlstand siegten schließlich über meine Zweifel, so daß der Entschluß für die Arbeit im Schacht endgültig wurde. Bergmann zu sein war schon etwas. Standen bei guter Leistung Prämien, Sonderzuteilung an Lebensmitteln, Schnaps und Bekleidung in Aussicht.
So kam der Tag heran, an dem ich mich bei der zuständigen Meldestelle des Objektes 5 in Marienberg einfand und meine Bewerbung vorbrachte. Ich erhielt auch gleich eine Zusage, mußte noch ein ärztliches Gesundheitsattest einholen und wurde danach einer Schachtanlage zugeteilt. Vorher nahm man mir zu meinem Erstaunen meinen Personalausweis ab und ersetzte ihn durch einen „Wismut-Ausweis“, auf dem die wichtigsten Daten in russisch und deutsch aufgeführt standen. Innen mit Paßbild, hatte der stabile braune Karton auf der Vorderseite die gekreuzten Hammer und Schlägel als Bergbausymbol und in dicken kyrillischen Buchstaben die Worte Udostowerenje Liznosti, was soviel

hieß wie Personalausweis. Meinen richtigen deutschen Ausweis verwahrte die Verwaltungsstelle bis zu meinem Ausscheiden aus dem Bergbau.
Danach ging es zum Empfang der Arbeitskleidung in ein dafür eingerichtetes Magazin und in einige Büros nach einem sogenannten Laufzettel. Dann meldete ich mich beim zuständigen Schichtleiter, und am nächsten Morgen begann sie, meine erste Schicht.
Der Schacht lag nicht sehr weit von meinem Zuhause entfernt, so daß ich die zwei Kilometer zu Fuß hingehen konnte.
Ich bin reichlich zeitig losgegangen, um ja pünktlich an Ort und Stelle zu sein. Pünktlichkeit war seit jeher meine Stärke, wodurch mir dies auch nicht schwerfiel. Auf dem Weg traf ich noch einige andere Kumpel, die das gleiche Ziel hatten. Wir genossen die wärmende Morgensonne und den Gesang der Vögel. Es war wieder der Monat Mai, wo die Natur in frischem Grün und duftenden Blumen stand. Da eine Maiblumenwiese, dort erste blühende Holunderdolden, dann wieder am Rande eines Bächleins weiße Sternblüten, deren Duft bis zu unserem Weg reichte. Dazwischen wippte auf den vom Wasser umspülten Steinen eine Bachstelze. Der leuchtend blaue Himmel hatte nur ein paar kleine gelbe Wölkchen aufzuweisen. Mir kam der Gedanke in den Sinn, daß all das Schöne der Natur bald gegen die Finsternis des Berginneren eingetauscht werden mußte, wenn auch nur für acht Stunden an jedem Tag.
Jetzt hatten wir das Bergwerk erreicht, eine alte Anlage aus der Silberzeit. Mir war recht komisch zumute, wenn ich an die nächsten Minuten dachte. Zu Fuß ging es in einen geräumigen Stollen hinein bis an ein Gesenk, das lotrecht nach unten führte. Als Leuchten hatten wir Karbidlampen, die vorher in Gang gesetzt wurden. Aus einer feinen Brennerdüse entströmte ein Gas, welches entzündet eine sehr helle Flamme erzeugte, deren Licht durch eine Blende nach vorn geworfen wurde.
Mit den anderen Bergleuten ging es nun das Gesenk hinab auf Leitern, in der Bergmannssprache Fahrten genannt. War eine der Fahrten zu Ende, stiegen wir über eine kleine Plattform auf die nächste, und das einige Male, bis wir schließlich an der Stelle angelangten, von der waagerechte Strecken abzweigten. Hier waren Schienen ausgelegt, die am Gesenk, dem Förderschacht, endeten.
Das Ganze stellte eine Anlage dar, wie sie vor hundert Jahren kaum anders gewesen sein mußte. Nur daß auf den Strecken einige elektrische Leuchten brannten und die Hunte mit den Gesteinsmassen per elektrischer Förderhaspel nach oben gezogen wurden.
Wir schritten zwischen den Gleisen weiter in das Innere des Berges, bis wir vor Ort, unseren eigentlichen Arbeitsplatz, anlangten.
Ich wurde vorerst als Fördermann eingeteilt. Da konnte ich nichts verkehrt

machen. Meine Aufgabe bestand darin, die mit Gesteinsmasse gefüllten eisernen Hunte auf den Schienen bis hin zum Förderschacht zu schieben und die dort stehenden leeren Wagen wieder zurück zum Füllort zu bringen. Die Strecke hatte leichtes Gefälle, so daß die vollen Hunte fast allein liefen. Doch der Rückweg wurde öfters zur Plage, wenn einer der leeren mal aus den Schienen sprang und ich ihn wieder in die Spur heben mußte.

Die ersten Stunden vergingen viel zu langsam. Vor Ort dröhnten die mit Preßluft angetriebenen Bohrmaschinen, welche die Löcher für die nächste Sprengung in den Fels drehten. Eine sprachliche Verständigung war nur brüllend möglich bei diesem Lärm. In der Luft schwebte ein Nebel von Steinstaub. Besonders schwer hatten es die Kollegen, welche die losgesprengte Gesteinsmasse mit Händen und Schaufeln in die Förderhunte füllten, und natürlich die Hauer an den Bohrmaschinen. Die einzige Frischluftzufuhr war deren Preßluft.

Wenn ich so über das, was um mich geschah, nachdachte, so war mir ein wenig unwohl. Sollte das meine vorläufige Zukunft sein, meine Arbeit, tagein und tagaus? Staub, Lärm, Dunkelheit, das Gefühl der Enge, um nicht zu sagen Angst. Schwiegen mal die Bohrmaschinen und andere Geräusche, und ich war gerade auf der Strecke mit mir allein, umgab mich die Stille der Unheimlichkeit. Nur vom First tropfte da und dort Sickerwasser in unregelmäßigen Abständen herab. An den Wänden funkelte das Naß in winzigen Perlen wie kleine Bergkristalle, mal heller, mal schwächer, je nachdem, aus welchem Winkel das Licht meiner Handlampe darauf fiel. Doch dann tröstete ich mich damit, daß es doch meine erste Schicht sei, Neuland in der Erde zwischen den Felsen des Gebirges. Ich würde mich sicher daran gewöhnen, so wie die anderen Kumpels, die den Schacht schon ein halbes Jahr bearbeiteten. Auffällig war nur, daß keiner der Leute schimpfte oder sein Unbehagen von sich gab. Das konnte allerdings auch daran liegen, daß gerade heute die Arbeit gut florierte. Der Vortrieb war reichlich gelungen, die Masse lag günstig vor Ort. Und mit der Staubluft, die alles umgab, hatten sie sich anscheinend längst abgefunden. Ob mir das auch gelänge, wußte ich noch nicht zu sagen. Die Strecke wies nur an wenigen Stellen abstützende dicke Holzstempel auf, der Fels zeigte sich fest und stabil. Hielt er doch in einem großen Teil des Schachtes bereits weit über hundert Jahre, so wie ihn damals die Bergleute in mühevoller Handarbeit in das Gebirge geschlagen hatten. Also kam auch nicht der Gedanke auf, daß irgendwo mal ein Einsturz geschehen könnte.

Zu Schichtmitte kam der Reviersteiger nach unten und sah nach dem Rechten, hörte sich die Meinung der Leute an und erkundigte sich nach dem Stand des Vortriebes. Er trug als einziger einen Schutzhelm mit einer

Kopflampe, die von einem Akku gespeist wurde. Doch was die Helligkeit dieses Geleuchts anbetraf, konnten wir uns über die robusten Karbidlampen, die uns das Licht gaben, nicht beklagen. An derem leichten Azetylengeruch störte sich keiner.
Sieben Stunden waren vergangen. Dazwischen eine Pause zur Vesper, wo wir unsere Wurst- und Butterbrote und unseren mitgebrachten Tee verspeisten. Erstaunlich, daß auch hier unten die Schnitten schmeckten. Aber das lag wohl an der Schwere der Arbeit und den dabei entstandenen Hunger. Der eine und andere schmauchte noch eine Zigarette, wenn auch die Lungen schon genug belastet waren. Sieben Stunden harte Tätigkeit und unter extremen Bedingungen, wenn man es aus der heutigen Sicht betrachtet. Die achte Stunde wurde hauptsächlich der Sprengung vor Ort zugedacht. Die Hauer hatten ihre neun Bohrlöcher in den harten Fels getrieben, jedes fast zwei Meter tief. Nun machte sich der Sprengmeister daran zu schaffen, besetzte in die Öffnungen die Päckchen mit dem Sprengstoff, die Zünder samt Zündschnur. Alle im Sprengbereich tätigen Kumpels mußten sich in die Förderstrecke zurückziehen. Nur der „Schießer", wie wir den Sprengmeister nannten, blieb noch vor Ort. Dann setzte er die Zündschnüre in Brand und lief ebenfalls ein gehöriges Ende den Stollen zurück.
Einige Sekunden noch herrschte absolute Stille im Schacht. Ich wagte kaum zu atmen, kannte ich den Vorgang ja nur vom Hörensagen. Plötzlich ein, zwei, drei fürchterliche Detonationen, denen noch sechs weitere folgten. Eine Luftdruckwelle rauschte durch alle Strecken, blies die Flämmchen der Karbidlampen aus und strömte den Förderschacht hinauf nach draußen. Mir war in dem Moment zumute, als sollte die Welt untergehen. Aber was zu Ende ging, war die Schicht, meine erste Schicht untertage.
Die Kumpels in meiner Nähe lächelten mir aufmunternd zu. Für sie war das alles schon Alltag. Der Sprengmeister und die Hauer schauten zufrieden über das Ergebnis. Alle neun Sprengsätze hatten gezündet. Viel Gesteinsmasse hatte es losgerissen, und es fiel die Bemerkung „Vortrieb gut, alles gut". Es kam auch vor, daß ein oder zwei Sprenglöcher nicht zündeten. Dies mußte genau beachtet werden. War das nicht der Fall und die nächste Schicht begann das Bohren in sogenannte Lochpfeifen, also stehengebliebene Bohrlochreste, in denen noch die Sprengladung saß, war die Katastrophe meist unvermeidbar. Nicht nur einmal ist ein solcher schwerer Unfall geschehen, zum Glück nicht in unserem Revier.
Dann gingen wir los nach oben, mußten die Fahrten wieder emporsteigen, was allen wohl recht schwerfiel, besonders mir. Am Tageslicht angekommen, lachte uns die Nachmittagssonne mit ihren goldenen Strahlen ins

Gesicht. Welch ein Gefühl, wieder in freier Natur zu stehen, die reine Wald- und Feldluft atmen zu können. Am Stolleneingang standen bereits die Kumpel der zweiten Schicht, die nun in die Dunkelheit einsteigen mußten, so wie wir es am Morgen getan hatten.

☼

Die Suche nach dem begehrten Uranerz erfolgte nicht nur untertage, auch übertage wurde kilometerweit das Gelände getestet. Durch Markscheider fand die Vermessung und Markierung des Gebietes statt. Danach entnahmen Meßtrupps der Geophysik aller fünf Meter aus zirka einem Meter Tiefe Bodenluftproben zur Untersuchung auf Radioaktivität. Wurde man fündig und Wiederholungsmessungen brachten das gleiche positive Ergebnis, kam es zur Aushebung von Schürfgräben, eine schwere Arbeit mit Spitzhacke und Schaufel. Diese Geländeaufschnitte reichten bis in etwa drei Meter Tiefe. Waren sie von Erfolg, konnte es zum Abteufen eines Schachtes kommen.

Vielerorts geschah diese kräftezehrende Tätigkeit in den Schürfgräben auch durch Frauen. Bagger oder ähnliche technische Geräte gab es in dieser Zeit nicht und hätten vielleicht in dem verwitterten Felsboden wenig Hilfe gebracht. Überhaupt muß hervorgehoben werden, daß die Leistungen der Frauen als Bergmann besonders in den Anfangsjahren und auch später außerordentliche Anerkennung verdienten. Sie verrichteten untertage Tätigkeiten als Maschinisten, Anschläger und selbst als Radiometristen, ohne der Gefahren des Urans bewußt gewesen zu sein. Und nicht wenige bezahlten diesen Posten mit bleibender Unfruchtbarkeit. Besser hatten es die Frauen, welche als Materialverwalter und Disponenten in den Magazinen übertage ihre Tätigkeit ausüben konnten.

Insgesamt waren die weiblichen Arbeitskräfte nicht schlechter als ihre männlichen Kollegen, wenn auch, was die Liebelei anbetraf, manche die Übersicht verlor. Doch die Herren der Schöpfung standen dem nicht nach.

Überall war wieder Bergbauland. Kein Garten, Grundstück oder gar ein Fluß bedeutete bei den Erkundungs- und Vermessungsarbeiten ein Hindernis. Die Landwirte und Häusler mußten diese Maßnahmen jederzeit dulden.

Bald stellte sich eine Art „innere“ Verbindung mit dem täglichen Geschehen des Uranbergbaues bei den Bewohnern des Erzgebirges ein. Das konnte man selbst bei uns zu Hause verspüren. Lag man des Nachts im Bett und wartete, daß der Schlaf einen überwältigte, konnte man deutlich die einzelnen Schüsse der Sprengungen tief in der Erde vernehmen, harte, schlagende Geräusche, welche bis in die Wohnungen vordrangen. Immer kurz vor allen drei Schichtenden ließ es sich verfolgen. Unsere Mutter

betitelte dies stets mit der Bemerkung, „es würden schon mal die Häuser dabei einstürzen". Eine solche Angst war jedoch unbegründet, führten doch die Strecken und Abbaue weit genug unter den Häusern vorbei, so zumindest in unserem Städtchen. Natürlich kam es auch vor, daß außerhalb der Ortschaften in flacher liegenden Revieren manche Überhaue bis in die Oberflächennähe vorangetrieben wurden und schließlich die Trennschicht nach außen nachgab. Solche Einstürze bekamen jedoch schleunigst weiträumig eine Einzäunung als Absperrmaßnahme. Der harte Gneis verlangte von den Kumpels eben auch eine harte Bearbeitung. Und dazu mußte schließlich der Sprengstoff seine Wirkung beweisen.
Wie ruhig lebten dagegen die Menschen hier, bevor der neue Bergbau ins Land kam. Doch die Leute gewöhnten sich an vieles. Und bald störte sich keiner mehr an solchen „Zwischentöne", wie sie vor allen in den Nachtstunden die Stille unterbrachen, sieht man einmal von den Geräuschen ab, die alkoholisierte Bergleute von sich gaben, wenn sie von einer Feier oder aus dem Wirtshaus in Richtung Quartier zogen.

☼

Wie schon der Name „SAG Wismut" ausdrückt, handelte es sich bei diesem Bergbauunternehmen um eine sowjetische Aktiengesellschaft. Erst später, im Jahre 1954, wurde es eine sowjetisch-deutsche AG.
Das bedeutete, daß die entscheidenen Vorgesetzten russische Schachtleiter, Ingenieure, Techniker und Geologen gewesen sind. Sie kontrollierten die Arbeitsorganisation, die Materialbeschaffung, die Streckenführung, den Erzabbau, die radiologischen Meßarbeiten und die Tätigkeiten der Geophysik.
Im allgemeinen konnte man sich nicht über deren Arbeiten und Weisungen beklagen. Stellten sie doch vorerst die Fachleute dar. Sicher, kleine Auseinandersetzungen blieben nicht aus. Ich hatte in meiner Bergbautätigkeit die Gelegenheit, mit russischen Soldaten, die ebenfalls zur Arbeit in den Schächten abkommandiert waren, längere Zeit Kontakt zu haben. Mit einem dieser jungen Männer verband mich eine kleine Freundschaft, bei der ich dessen Wesen und Charakter gut kennenlernte. Er hatte den Sturm auf Berlin mitgemacht und trug gern die dafür übliche Auszeichnung an seiner Dienstbluse. In seiner Art war er etwas sensibel, niemals nachtragend, hatte öfters Heimweh und pflegte eine gute Kameradschaft zu seinen deutschen Arbeitskollegen. Er war erst 23 Jahre, hatte blondes, kurzgeschnittenes Haar, eine schlanke Gestalt und leicht hervorstehende Wangen, die einen sibirischen Einschlag vermuten ließen. Bekam er einmal Post von daheim, las er den Brief während der Arbeit mehrmals. Man sah ihm die Sehnsucht nach seiner Heimat an. Das vierte

Bergwerk des Uranerzbergbaus, der Schacht 371 in Schlema/Hartenstein.
Seit 1991 für die Öffentlichkeit zugänglich gemacht und wurde damit tiefstes Besucherbergwerk Europas.
Mit etwa 12 000 Beschäftigten und einer enormen Förderung von Uranerz war es einst eine der größten Urangruben der Welt.

Bergarbeiter des „Wismut“-Bergbaues in ihrer typischen Arbeitskleidung.
Foto : Erzgebirgsmuseum Annaberg

Jahr weilte er nun schon in diesem fremden Deutschland. Eine verheilte Wunde von mehreren Zentimetern Länge zierte seinen linken Arm als Folge eines Granatsplitters während der letzten Kriegstage.
Die Soldaten wohnten in Kasernen, deren unteren Räume von Einrichtungen des Bergbaues mitgenutzt wurden, und unterlagen einem strengen Regime. Sie hatten keinen Ausgang, so daß die bergbauliche Beschäftigung eine willkommene Abwechslung darstellte. Liebschaften mit deutschen Mädchen blieben aber auch nicht aus. Keine Hurereien, sondern heimliche Freundschaften, von denen die Offiziere nichts erfahren durften. Streng ging es auch zu, wenn ein Soldat mal zuviel Alkohol zu sich genommen hatte. Erfuhr der Kommandant davon, waren ihm einige Tage verschärfter Arrest sicher.
Einmal machte auch ich eine recht unangenehme Erfahrung mit einem Soldaten einer Streife, als dieser mich am späten Abend vor einer Tanzgaststätte wiederholt in gebrochenem Deutsch ansprach und mir einreden wollte, ich hätte gesagt, die Russen seien schlechte Menschen. Ob er mich mit jemandem verwechselte oder nur Anlaß zur Schlägerei suchte, war unklar, wobei es fast zu letzterer gekommen wäre. Hätte sich da nicht eine Deutschrussin, die als Dolmetscher fungierte, dazwischengestellt, die dem Soldat einige recht unschöne und harte Worte an den Kopf warf. Danach zog sich dieser verlegen zurück.
Kam es in einer Schachtanlage doch einmal zu einem Streckeneinsturz oder gar zu einem starken Wassereinbruch, kämpften die Russen, ganz gleich ob Ingenieur, Soldat oder Geologe, genauso tapfer um die Rettung der gefährdeten Kumpels wie die unsrigen Leute.
Unangenehmer ergaben sich die Kontakte zu den russischen Militärs in den späteren Jahren, als die Schachtanlagen mit hohen Bretterzäunen umgeben wurden und der Zugang nur über ein Postenhäuschen möglich war. Besonders zu Schichtende wurde jeder Kumpel beim Passieren des Ausganges radiologisch getestet, ob nicht etwa radioaktives Erz verbotenerweise mit ihm den Schacht verließ. Zeigte der Geigerzähler Aktivität an, mußte der Bergmann in einem besonderen Raum sich seiner Kleidung entledigen, bis die Ursache der Strahlung gefunden war. Meist fand man nur Krümel von erzhaltigem Gestein in den Aufschlägen der Gummianzüge oder im Profil der Gummistiefel klemmend. Äußerst peinlich konnte es für den werden, welcher versucht hatte, Uranerz aus dem Schachtgelände zu schmuggeln. Ihm drohte Gefangenschaft und längere Haft. Aber auch als diese strengen Kontrollmaßnahmen aufkamen, hatten sich die Bergleute bald an jene Prozeduren gewöhnt. Wer wollte schon bewußt seine Arbeit und Freiheit riskieren.

Ein halbes Jahr arbeitete ich nun schon in der Schachtanlage meiner ersten Schicht. Immer noch wurde trocken gebohrt, und die Strecken waren vom Staub der Vor-Ort-Arbeit durchsetzt. Immer noch wurden die Hunte mit der unverwendbaren Gesteinsmasse nach vorn zum Förderschacht geschoben, und immer noch mußten wir die Fahrten hinab- und am Schichtende wieder hinaufsteigen, bis sich für mich eines Tages etwas ändern sollte, nicht etwa an der primitiven Technik, sondern an der Zahl der Arbeiter. Man brauchte dringend in einem in der Umgegend gelegenen Stollen einige Leute. Der Steiger informierte uns davon und bestimmte diejenigen, welche hinüber mußten. Einer von diesen fünf Kumpels war auch ich. Da gab es keine Widerrede. Schacht war Schacht und Arbeit war Arbeit. Wir mußten uns zur Tagschicht, am nächsten Morgen dort einfinden. Da inzwischen der Winter begann, hatten wir nun die Aussicht, eine Woche, also jeweils zur Tagschicht, die Sonne und den Tag nicht zu Gesicht zu bekommen. Denn stiegen wir ein, war es noch dunkel, und zu Schichtende hatte sich die liebe Sonne auch schon wieder schlafen gelegt.
Den Wert des Sonnenlichtes weiß nur ein Bergmann so recht zu schätzen und zu empfinden, der den langen Tag in der Dunkelheit der Tiefe verbringen muß. Die neue Arbeitsstelle war ein Stollen, der geradewegs mehrere hundert Meter in einen bewaldeten Berg hineinführte, ohne Fahrten, die nach oben oder unten den Weg bestimmten. Auf der Sohle des Stollens lagen auch wieder Gleise, dieses Mal aber auf dicken, hohen Holzschwellen, zwischen denen die Entwässerung der Schachtanlage hindurchplätscherte. Der Stollen hatte einige Kurven und war an manchen Stellen so niedrig, daß man nur gebückt gehen konnte. Da es in der damaligen Zeit für uns noch keine Schutzhelme gab, kam es dann und wann zu unsanftem Kontakt mit dem Stollenfirst. Auch diese Anlage war schon uralt. Am Mundloch konnte man im Stein noch die Jahreszahl 1804 erkennen.
Der Grund für unsere Umsetzung lag darin, wie wir bald herausfanden, daß in ihm eine mit Erz gefüllte Spalte freigelegt wurde, die nun mühevoll zum Abbau kam. Mühevoll deshalb, weil sie steil nach oben in den Berg führte. So entstand ein Überhau, in dem preßluftgetriebene Pickhämmer zum Einsatz gelangten. Einige Tage schwiegen dafür die Bohrmaschinen. Statt dessen erfüllte der helle Lärm der Hämmer den Stollen, die sich ohne mechanische Stütze, nur mit der Kraft der Arme der Kumpels, nach oben in den Fels fraßen. Das herausgeschlagene erzhaltige Gestein wurde sofort in eigens dafür gezimmerte, handliche Holzkisten gefüllt und nach draußen gefahren, wo bereits ein Lastkraftwagen zum Abtransport wartete. In jeder Schicht war ein russischer Radiometrist zugegen, ausgerüstet mit Kopfhörer und Geigerzähler. Ein lustiger Bursche und Soldat, dem sein Wirken

anscheinend Spaß machte. Auch ein russischer Geologe ließ sich öfters sehen, der Erzgang und Abbau beobachtete.
Hier wurde uns beim Betrachten der Skala auf dem Meßgerät und dem Ausschlagen dessen Zeigers ein wenig bewußt, welche Intensität das Uranerz besitzen mußte. So sah man dem Gestein mit seinen gelblichen Äderchen oder Flecken seine Bedeutung gar nicht an. Und trotz Hinweises des Steigers besaßen einzelne Kumpels die Leichtsinnigkeit, die Erzkisten als Sitzgelegenheit bei einer Frühstücks- oder Zigarettenpause zu benutzen. Während hier im Schein unserer Karbidlampen die Erzförderung vonstatten ging, lief in einem anderen Querschlag, der von der Hauptstrecke abzweigte, der Vortrieb mit Bohrungen und Sprengungen weiter. Er sollte mit einem anderen, zwei Kilometer entfernt gelegenen großen, neu entstandenen Hauptschacht eine Verbindung schaffen. Markscheider hatten in exakter Meßarbeit die Richtung festgelegt, und meistens klappte das Zusammentreffen zweier aufeinander zugetriebenen Strecken mit großer Genauigkeit.
Im Laufe der nächsten Monate bekam ich bei einiger Aufmerksamkeit mit, daß der Bergbau doch eine Reihe recht interessanter Berufe in sich vereinigte. Da gab es Schachtelektriker, Zimmerleute über- und untertage, Geologen, Topographen, Schlosser und manch anderen Beruf. Ich überlegte jetzt öfter, warum ich diese aufreibende Arbeit als Fördermann noch weiter tun sollte, vor allem unter diesen miserablen Bedingungen. Ich war noch jung, konnte noch manches hinzulernen und dachte auch ab und zu an meine Gesundheit, die ich vielleicht aufs Spiel setzte, wenn ich so wie bisher weiter machen würde.
Eines Tages erschien in unserem Stollen ein aus drei Männern bestehender Trupp der Geophysik, welche ein mir bisher unbekanntes Bohrgerät installierten, eine Stromleitung und eine Wasserpumpe heranführten. Dieses verhältnismäßig kleine, für zwei Personen tragbare Gerät benötigte zum Bohren Wasserspülung. Das Wasser entnahmen sie aus einem in der Nähe gelegenen Gesenk. Dies bot sich an, da dessen Wasser ohnehin nach draußen abgeleitet werden mußte. Viele Meter Bohrgestänge, mit Diamanten besetzte Bohrkronen und die dazu nötigen Schlüssel und Zangen gehörten zu deren Ausrüstung.
Als die Bohrarbeiten begannen, kam ich öfters mit diesen Leuten ins Gespräch, ließ mir technische Details erklären und wurde zunehmend von deren Tätigkeit begeistert. Sie machten Erkundungsbohrungen bis in 40 Meter Länge oder Tiefe, brachten die erbohrten Felskerne hinaus, wo sie abtransportiert und von den Geologen begutachtet wurden. Der Trupp gehörte zu unserem Objekt, und für mich wurde klar, daß dieses meine Beschäftigung wird.

Bohrturm für Tiefbohranlage im „Wismut"-Bergbau. Mit ihr wurden Tiefen bis zu 700 Meter erreicht.

In den Tagen darauf erkundigte ich mich bei der Objektleitung und bat um die Versetzung in die Abteilung Geophysik. Nach einer weiteren Woche bekam ich eine Zusage. So begann ein neuer Abschnitt in meiner bergbaulichen Tätigkeit. Man teilte mich in eine Brigade ein, allerdings an ein großes Bohrgerät, einen Bohrturm übertage, der mittels Kerndrehbohrung Tiefen von 600 bis 700 Meter schaffen konnte. Dieses war nun völliges Neuland für mich, körperlich auch keine leichte Arbeit, aber dafür an frischer, gesunder Luft. Und das war schon viel wert.
Das Bohrgerät, eine massive Maschine von beachtlicher Größe und Kraft mit der Bezeichnung KAM 500, stand in einer Umhausung als Wetterschutz unter einem Bohrturm mit zwei oberen Arbeitsbühnen. Bedient wurde sie von einem Bohrmeister und zwei Bohrgehilfen, von denen ich einer war. Als ich zu dieser Brigade gelangte, befand sich die Bohrung schon in 300 Meter Tiefe. Ein starker Elektromotor trieb das Aggregat an und ein weiterer die notwendige Wasserpumpe, ohne deren Spüldruck keine Bohrung dieser Art möglich war. Das Stahlgestänge, welches miteinander verschraubt in die Tiefe führte, hatte am unteren Ende das Kernrohr mit der Bohrkrone, die sich drehend in den Fels fraß. Wenn alles gut lief, schafften wir einen Vortrieb von 3 Metern je Arbeitsschicht. Allerdings hatte die nächstfolgende Schicht meist nur mit dem Aus- und Einbau des Bohrgestänges zu tun. Die Bohrmaschine war äußerst robuster Beschaffenheit und verfügte über eine enorme Zugkraft. Jedesmal, wenn diese das tonnenschwere Bohrgestänge beim Ausbau anzog, erzitterte der gesamte Bohrturm. In den ersten Tagen hatte ich Bedenken, ob die in der Turmspitze hängende doppelte Seilrolle die Zugkraft aushielt. Auch bei dieser Arbeit war das Thema Arbeitsschutz sehr klein geschrieben. Schutzhelme gab es noch nicht, trotz der Gefährdung von oben durch herabfallende Eisenteile. Das Wasser für die Bohrspülung entnahmen wir einem angestauten Bachlauf. Die meisten Bohrtürme hatten ihren Standort in Nähe solcher Gewässer oder auch Flüsse.
Bei dieser interessanten Arbeit konnte ich einiges hinzulernen. Da der eigentliche Bohrvorgang eine reine Gefühlssache darstellte, belastete die Tätigkeit auch ganz schön die Nerven. Denn erfolgte der Bohrdruck zu stark, konnte es zum Gestängebruch an irgendeiner Stelle in der Tiefe des Bohrloches kommen. Und dies brachte eine Menge Unannehmlichkeiten und Zeitaufwand, der die Planerfüllung gefährdete, was sich wiederum auf die Lohnzahlung auswirken konnte. In jedem solchen Fall mußte versucht werden, die Havarie zu beseitigen, also das abgerissene Gestänge herauszubekommen, und das erforderte einige Sachkenntnis seitens des Bohrmeisters. Da alle betriebenen Stahlgestänge Rechtsgewinde aufwiesen, mußte das Hilfsgestänge samt Schneidedorn und Schneideglocke mit

Über Bergbautechnik und verschiedene Ausbauarten kann man sich im Schaustollen des Museums der Stadt Aue einen Einblick in die Arbeit des Bergmannes verschaffen.

Linksgewinde eingesetzt werden, eine enorme zusätzliche Arbeit, die nicht bezahlt wurde.
Der erbohrte Gesteinskern gelangte fein säuberlich und in exakter Reihenfolge in dafür geeignete Kernkisten, so daß die Geologen eine genaue Übersicht der Gebirgsschichten erhielten. Dabei wurde auch mit einer langkabeligen Sonde die eventuell vorhandene Strahlung im Inneren des Bohrloches gemessen.
Insgesamt fand ich die Tätigkeit recht vielseitig und abwechslungsreich. An die Arbeit in drei Schichten, also tags und nachts, hatte man sich längst gewöhnt. Unsere Hände waren ständig öl- und fettverschmutzt, eine nicht zu umgehende Angelegenheit, trotz Schutzhandschuhen. Eine Zigarette rauchen blieb dadurch fast unmöglich, allenfalls noch mit Zigarettenspitze. Eigentlich wäre das ein Grund gewesen, uns die Raucherleidenschaft etwas abzugewöhnen.
Eine Bohrung an einem Standort dauerte oft Monate, wodurch wir verhältnismäßig Ortstreue besaßen. Zur Gesamtaufsicht für mehrere Bohrtürme gab es einen Obermeister, welcher sich auch um Materialtransport und -beschaffung kümmerte.
Ich hatte mich in den folgenden Monaten so gut eingearbeitet, daß ich ab und an den Meister vertreten konnte. Eines Tages sprach mich der Obermeister an, ob ich Lust hätte, eine Qualifizierung zum Meister für Tiefenbohrung am Bergtechnikum in Freiberg zu absolvieren. Er redete mir gut zu, meinte, daß noch Bohrmeister benötigt würden, und ich sei doch noch jung an Jahren und würde das schon schaffen. Mein Entschluß zur Zusage ließ nicht lange auf sich warten. Vier Wochen später war es soweit. Ich wurde Bergschüler am Bergtechnikum Freiberg. Das war wieder eine totale Umstellung. Jetzt galt es zu lernen, um ja nicht durchzufallen. Mathematik, Physik, Maschinenkunde, technisches Zeichnen, Mineralogie, Geologie und Werkstoffkunde waren dabei die Hauptfächer. Auch praktisch erhielten wir von einem versierten Bohringenieur an einem eigens für diesen Zweck auf dem Technikumgelände errichteten Bohrturm, gleicher Art wie der Unsrige, den Umgang mit der Maschine und wichtige Kniffe dazu beigebracht. Das Technikum, eine Einrichtung der SAG „Wismut", hatte uns internatsmäßig untergebracht und gut verpflegt. Wer über die Stränge schlug -Freiberg besaß viele schöne aber auch leichte Mädchen- und mehrmals nach 22 Uhr in der Unterkunft erschien oder gar des Nachts wegblieb, mußte mit Abbruch der Ausbildung rechnen. Wir fügten uns weitgehend den Vorschriften, schließlich wollten wir uns doch beruflich weiterentwickeln. Trotzdem hatte einer meiner Mitschüler mit einem Mädchen Pech gehabt. Er bekam von ihr die Gonorrhöe, den Tripper, seinerzeit als Kavalierskrankheit

bekannt und weit verbreitet. Das Mädchen kannte er nicht einmal näher. Nun war guter Rat teuer. Ein Arzt hatte ihm die Krankheit bestätigt, bot ihm auch eine diskrete Privatbehandlung an, wie es damals noch möglich war. Die Technikumleitung hätte nichts davon erfahren dürfen, sonst wäre er mit Sicherheit von der Schule geflogen. Aber es klappte alles. Täglich holte er sich seine Therapiespritzen, und nach zwei Wochen war alles wieder in Ordnung. Ihm hatte es allerdings eine gehörige Menge Geld gekostet.
Am Technikum fanden auch andere Ausbildungen statt, wie beispielsweise zum Steiger, Mineralogen oder Markscheider. Damit schuf sich die „Wismut" Fachkräfte, die nach und nach das meist noch russische Fachpersonal ablösen konnten.
Zu dieser Zeit gab es noch Lebensmittelkarten zur Versorgung der Bevölkerung. Da wir als Bergleute Sonderverpflegung erhielten, litt diesbezüglich keiner Not. Das kam auch unseren Familien daheim sehr zugute. Neben der Grundzuteilung erhielten die Untertagekumpels bei gutem Vortrieb unter anderem reichlich Schnapstalons als Sonderration für die Planübererfüllung. Dabei handelte es sich um einfachen Trinkbranntwein, den sogenannten Bergarbeiterschnaps. Es gab ihn in Flaschen, aber auch lose, und wer viel bekam, holte ihn gleich im Wassereimer. An zentraler Stelle war die Freigabe von Alkohol mit Sicherheit berechnete Absicht. Einerseits, um die Bergleute bei Laune zu halten, und andererseits wollte man der Staublunge entgegenwirken, indem man sich vom Alkohol eine auswurffördernde Wirkung versprach, was, ähnlich wie beim Staub in den Kohlebergwerken, auch den Steinstaub in den Lungen lösen sollte. Nur der Erfolg blieb größtenteils aus. Das bewiesen die zahlreichen Silikoseerkrankungen unter den Bergleuten, von der Strahlenbelastung ganz zu schweigen.
Viele Kumpels und somit auch ich machten den Branntwein zu wohlschmeckendem Likör mit Eiern oder Essenzen und hatten unsere Freude daran. Auch war der Alkohol in den entbehrungsreichen Nachkriegsjahren eine willkommene Handels- und Tauschware, zumindest für die Leute, welche ihn selbst nicht verbrauchten. Dann gab es aber auch Kumpels, die Brotmarken für Schnaps opferten oder Zucker gegen Zigaretten tauschten. Doch blieben die meisten Bergleute vernünftig genug, um nicht alles durch Kehle und Lunge zu jagen.
Die Zeit und die Monate in Freiberg vergingen viel zu schnell. Als wir die Prüfungsgespräche gut über- und bestanden hatten, fiel uns der Abschied von der schönen Bergstadt recht schwer. Ich besuchte nochmals den prächtigen Dom, das Bergbaumuseum und andere baulich historische Kostbarkeiten, spazierte ein vorläufig letztes Mal über Unter- und

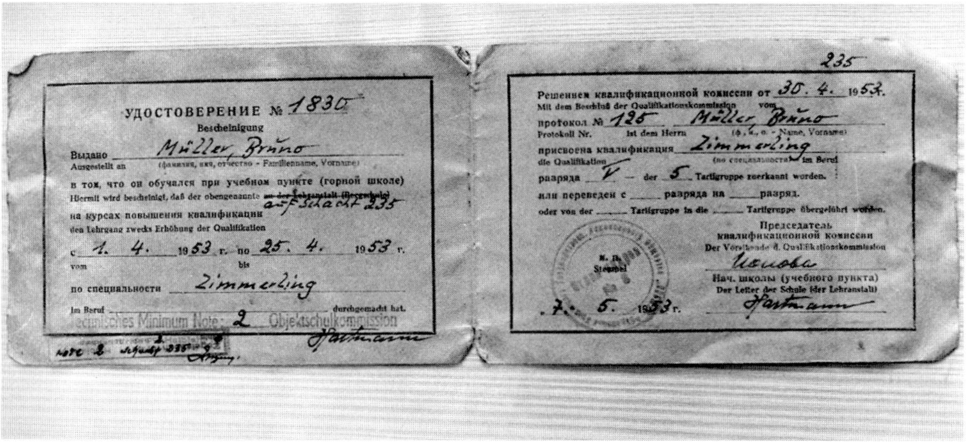

УДОСТОВЕРЕНИЕ № 1830
Bescheinigung
Выдано Müller, Bruno
Ausgestellt an (фамилия, имя, отчество - Familienname, Vorname)
в том, что он обучался при учебном пункте (горной школе)
Hiermit wird bescheinigt, daß der obengenannte ~~an der Lehranstalt (Bergschule)~~ auf Schacht 235
на курсах повышения квалификации
den Lehrgang zwecks Erhöhung der Qualifikation
с 1. 4. 1953 г. по 25. 4. 1953 г.
vom bis
по специальности Zimmerling
im Beruf durchgemacht hat.
Technisches Minimum Note: 2 Objektschulkommission

Решением квалификационной комиссии от 30. 4. 1953.
Mit dem Beschluß der Qualifikationskommission vom
протокол № 125 Müller, Bruno
Protokoll Nr. ist dem Herrn (ф., и., о. - Name, Vorname)
присвоена квалификация Zimmerling
die Qualifikation (по специальности) im Beruf
разряда V der 5 Tarifgruppe zuerkannt worden.
или переведен с ___ разряда на ___ разряд.
oder von der ___ Tarifgruppe in die ___ Tarifgruppe übergeführt worden.
Председатель
квалификационной комиссии
Der Vorsitzende d. Qualifikationskommission
Нач. школы (учебного пункта)
Der Leiter der Schule (der Lehranstalt)
7. 5. 1953 г.

Qualifizierungsnachweis eines Zimmerlings (Zimmermann) von 1953.

Wismut-Schutzhelm aus Leder von 1949, dieser Helm hat seinen Ursprung in der Sowjetunion (Donbass, Ukraine).

Bergarbeiterschnaps; dabei handelte es sich um einen einfachen Trinkbranntwein, den es in Flaschen, aber auch lose gab. Eine Flasche 0,7 l (Abb.) kostete 1,12 Mark. Von den Bergarbeitern selbst wird dieser Schnaps heute als „Kumpeltod" bezeichnet.

Leihgaben: Bergbrüderschaft Geyer

Obermarkt und verabschiedete mich von all denen, die mir neue Freunde geworden waren und nun ebenfalls in die Heimat oder das Arbeitsobjekt zurückfuhren.
Jetzt hatte ich eine Art Meisterbrief in der Tasche, konnte darauf hoffen, eine Bohrstelle leiten zu dürfen und mußte natürlich auch entsprechende Verantwortung übernehmen. Eins war mir dabei klar bewußt, wer bei der SAG „Wismut“ Verantwortung trug, mußte auch für alle Schäden, Havarien oder gar Unfälle geradestehen. Und dies war hart genug, zumal die Arbeitsbedingungen und der Arbeitsschutz immer noch in „Kinderschuhen“ steckten. Erst Jahre später wurde dem größere Beachtung zuteil.
Mit der Qualifizierung kam auch ein Mehr an Wissen. Und das war recht von Nutzen. Begriffe wie Curie, Röntgen, Pechblende blieben nun keine Fremdwörter mehr. So war mir die Bedeutung des Urans, für dessen Finden und Bergen wir alle hier im Bergbau zuständig gewesen sind, erst richtig klar geworden. Auch die Gefährlichkeit beim Umgang mit aktivem Gestein wurde mir bewußter, obwohl auch am Technikum kaum die Gefahr und die Folgen der Strahlung Erwähnung fanden. Bewußt oder unbewußt mied man das Thema möglichst.
In der Folgezeit lief meine Tätigkeit meist nur übertage ab, wodurch ich bezüglich Radioaktivität keine Bedenken für Leib und Leben zu haben brauchte. Nur wenn ich in die Kreisstadt kam und zum Bahnhof ging, bot sich ein erschreckendes Bild, zumindest für Nichtahnungslose. An einem Steilhang unweit des Bahnhofsgebäudes, der mit kräftigen hohen Laubbäumen begrenzt war, wurde von Lastkraftwagen ständig Gesteinsmasse abgekippt, die über Rutschen in am unteren Ende des Hanges auf einem Eisenbahngleis stehende offene Güterwaggons gelangte. Viele Wochen betrieb die „Wismut“ diese Verladepraxis. An den kräftigen Bäumen konnte man leicht erkennen, um welche Gesteinsmasse es sich dort handelte. Alle Bäume waren mitten im Sommer entlaubt. Gespenstisch kahl ragten sie in den Himmel. Der Regen spülte den neben dem Verladebereich abfallenden radioaktiven Staub bis an die Wurzeln der Bäume, und die Strahlung tat ihr übriges. Das dort tätige Personal wurde vierteljährlich ausgewechselt. Die Eisenbahnwaggons gelangten mit der Gesteinsmasse in das obere Erzgebirge zur Erzwäsche und Voraufbereitung des Erzes. So zumindest erfuhr ich es von den an der Kippe Beschäftigten. Wohin von dort die aktiven Abwässer gelangt sind, konnte ich nicht erfahren. Umweltschutz war noch kein Begriff.
Ein anderes Opfer der Strahlung wurde mir bekannt. Eine junge Frau, die als Laborantin in einem „Wismut“-Labor tätig gewesen ist und ständig Kontakt mit Uranerzen hatte. Sie erhielt ärztlicherseits eine durch die

Strahlung hervorgerufene Blutbildveränderung und Unfruchtbarkeit bestätigt.
Wer von den Hauern vor Ort Staublunge bekam, hatte die geringsten Überlebenschancen, da in den meisten Fällen der Steinstaub auch radioaktiv gewesen ist. Der Transport der Kumpels vom Schacht zum Wohnort oder Bahnhof erfolgte mit Lastkraftwagen, ein anspruchsloses, aber praktisches Beförderungsmittel. Im Notfall konnte man auch mal auf der Ladefläche eines Erztransporters mitfahren, wenn man die Schichtautos verpaßt hatte. Leichtsinniger- aber besonders unwissenderweise nutzten die Bergleute dabei die geladenen Erzkisten oder auch losen Gesteinsmassen als Sitzgelegenheit für etwa 30 bis 40 Minuten Fahrzeit, was auch die gleiche Zeit Bestrahlung bedeutete. Den bei den Erzkisten mitfahrenden russischen Posten interessierte diese Gefahr wenig oder gar nicht.
Es war eine stürmische Zeit. Es fehlte an Aufklärung und Wissen über die Schädlichkeit der Radiumstrahlen für Mensch und Umwelt. Immer wieder konnte man dieses feststellen.
Allmählich zog die moderne Technik in die ersten Schächte ein. Die Abraumhalden wuchsen zu hohen Bergen empor. Auch die ersten deutschen Fachleute wurden als Schachtleiter eingesetzt, immer noch unter Kontrolle der russischen Vorgesetzten. In den größeren der Schachtanlagen war das unterirdische Streckennetz so umfangreich und verzweigt geworden, daß elektrische Eisenbahnzüge den Transport der Masse durchführen mußten. Querschläge, Strecken, Überhaue und Gesenke verlangten von den Untertagekumpels schon reichliche Ortskenntnis und Erfahrung für Weg und Tätigkeit.
Meine beiden Schulfreunde, mit denen ich so oft als Hobby in das Berginnere eingestiegen bin, hatten sich inzwischen auch zur „Wismut“ gemeldet. Der eine arbeitete als Markscheidergehilfe, während der andere als Hauer in 300 Meter Schachttiefe schuftete. Beide gehörten sie zu unserem Objekt 5. Doch wir sahen uns durch die getrennten Arbeitsbereiche nur wenig, außer an Wochenenden, wenn nicht gerade eine Sonderschicht gefahren wurde. Beim Einkauf in den Magazinen trafen wir uns öfter. Mal kaufte einer von uns einen Anzugstoff mit Haarnadelmuster, dann mal ein Paar Handschuhe, echt Leder, was stets zu einer anregenden Diskussion führte. Denn drei Jahre nach Kriegsende stellte so eine Errungenschaft schon eine Kostbarkeit dar, die zu bereden es lohnte.
Was mich beunruhigte, betraf aber das Befinden von Peter, den Ältesten von uns dreien. Er war stolze sechs Monate älter als wir beide. Ein dreiviertel Jahr schaffte er nun schon vor Ort und atmete Schicht für Schicht den gefährlichen Steinstaub ein, pur aus den Öffnungen der

Bohrlöcher, welche die Bohrkronen in den Fels drehten. Peter hustete oft, hatte dabei Schmerzen in der Brust und klagte über ein allgemeines Unwohlsein. Der Arzt vermutete zu Anfang eine Grippe, die sich festgesetzt habe. Schließlich machte man eine Röntgenaufnahme der Lunge, die aber angeblich kein ernst zu nehmendes Ergebnis brachte. Nach vier Wochen erhielt Peter den Bescheid, er tauge gesundheitlich nicht mehr für die Untertagearbeit, und man versetzte ihn nach übertage, wo er als Zimmermann, seinem eigentlichen Beruf, weiterarbeiten konnte. Doch seine Beschwerden wurden nicht weniger. Auch sein Blutbild zeigte Mängel. Wir machten uns ernste Sorgen um unseren Freund. Wußten wir doch, daß sich bei anderen Kumpels ähnliche Symptome zeigten und die kurze Zeit später zu Tode kamen. Schließlich besserte sich der Zustand Peters einigermaßen, und wir glaubten schon, er hätte die Krankheit überstanden. Denn eine Krankheit mußte es ja sein, auch wenn die Ärzte nichts Genaues sagten oder sagen durften. Neun Monate vor Ort, Tag für Tag unter den schwierigsten Bedingungen, eine gut bezahlte Tätigkeit, bezahlt mit barem Geld und als Gegenleistung mit dem Opfer der Gesundheit.

Drei Monate später brach bei Peter alles zusammen. Er klagte zwar wenig, konnte sich aber kaum noch bewegen und mußte schließlich ins Krankenhaus. Die neue Diagnose lautete: Schwere Silikose, also die gefürchtete Steinstaublunge. Hinzu kam, daß er die Zeit als Hauer in einem Erzabbaubereich arbeitete, wo der Staub mit Sicherheit radioaktiv strahlte.

Jede Woche besuchten wir unseren Freund im Krankenhaus. Sein Leiden besserte sich nicht. Was keiner von uns erwartete, trat schließlich ein: Peter nahm Abschied von der Welt. Sein Tod hat uns schwer getroffen. Er war stets ein guter Freund und Kamerad, ein Mensch voller Hoffnung für sein Leben. Er wollte sich noch so viele Wünsche erfüllen. Doch dafür war es zu spät. Einer von vielen, deren Leben der Uranbergbau gefordert hat. Eine Bemerkung des behandelnden Arztes gegenüber seinen Eltern bestätigte unsere Vermutung. Der Steinstaub und die Strahlung wurden ihm zum Verhängnis.

Doch wie sollte man sich verhalten bei der täglichen Arbeit? Untertage bekam fast jeder mehrmals Kontakt mit uranhaltigem Gestein. Es sei denn, er schaffte in einer Anlage, die nur als Verbindungsschacht oder Entwässerungsstollen errichtet wurde. Übertage blieb zwar die Gefahr der Strahlung weit geringer, wenn man entsprechende Aufmerksamkeit walten ließ, jedoch konnte man auch hier nicht immer sicher davor sein.

Viele aber lebten weiter mit dem Risiko, Schaden zu nehmen, und trösteten sich damit: Es wird mich schon nicht erwischen. Andere lenkten sich mit dem guten Geld und mit reichlich Alkohol ab und mieden möglichst die

Gedanken an Krankheit und Tod. Äußerungen der älteren Kollegen, wie „wir haben den Krieg überstanden, so werden wir auch den Bergbau durchhalten“, kamen nicht selten vor.
Wenn es um die Verbesserung des sozialen Wohlstandes geht, ist nun mal der Mensch ein Materialist. Er läßt sich keine Gelegenheit gerne entgehen, um sein Befinden zu verbessern. Dazu zählt auch, daß er Arbeitsbedingungen in Kauf nimmt, die seiner Gesundheit nicht gerade zuträglich sind. Viele lieben das Risiko. Und dieses Verhalten paßte so recht in die Ziele des Uranbergbaues.
Selbst wenn sich nach und nach die Arbeitsbedingungen besserten und der Arbeitsschutz mehr und mehr an Beachtung gewann, gab es doch auch viele Kumpels, die sich nicht daran hielten. Hauer zum Beispiel, die endlich die Vorrichtungen zum Naßbohren zur Verfügung hatten, wo also der beim Bohren entstehende Steinstaub durch Wasser gebunden wurde, nutzten diese Verbesserung nicht immer, da sie mehr Kraft bei der Arbeit erforderten. Denn an der schon schweren Bohrmaschine hing jetzt nicht nur der Luftschlauch, sondern auch noch der Wasserdruckschlauch. Nach einiger Zeit erfolgte schließlich die Anwendung von Bohrstützen, die eine wesentliche Erleichterung brachten.

Daß die Abraumgesteine für Bauzwecke ohne Beachtung deren Herkunft und Belastung Verwendung fanden, zeigt folgendes Beispiel:
In einer Julinacht zog ein schweres Unwetter über das mittlere Erzgebirge und entlud sich mit wolkenbruchartigen Regenfällen, wodurch einige Ortschaften schwer zu Schaden kamen. In einem am Berghang gelegenen Dorf im Preßnitztal hatten die abfließenden Wassermassen solche Gewalt, daß sie die gesamte Dorfstraße metertief aufrissen, Steine und Erdmassen fortspülten und die meisten Brunnen des Ortes überfluteten. Als die Menschen am folgenden Morgen das Unheil betrachteten, wollten sie es kaum glauben, daß so etwas möglich sei. Schnelle Hilfe war nötig, zumal die steile Dorfstraße die einzige Fahrverbindung zum oberen Ortsteil darstellte. Nicht weit von der Ortschaft entfernt befand sich eine ehemalige Schachtanlage der „Wismut“ AG mit ihrer großen Abraumhalde. Der Entschluß des Bürgermeisters und des Katastrophenschutzes für Maßnahmen zur Beseitigung der Schäden ließ nicht lange auf sich warten. Man entschied sich, die tief aufgerissene Straße mit Abraummasse der Bergwerkshalde wieder zu verfüllen. Und wenn man bedenkt, daß manche Schadstellen so tief ausgespült gewesen sind, daß sich ein erwachsener Mensch hätte bequem darin verstecken können, so konnte man sich

vorstellen, wie viele LKW-Ladungen Steingeröll hineinpaßten. Die meisten Dorfbewohner halfen fleißig mit, und nach wenigen Tagen konnte die Straße, wenn auch noch recht holperig, wieder befahren werden.
Daß die Masse der Abraumhalde Reste uranhaltigen Gesteins enthalten könnte, kam anscheinend niemand in den Sinn. Überhaupt war ein solches Thema tabu. Außerdem handelte man in einer Notlage.
Nach den heutigen Erkenntnissen und Messungen gibt es wohl kaum eine der „Wismut"-Halden, die nicht eine, wenn auch oft nur geringe, Reststrahlung aufweist. Und in den Folgejahren nach Ende des Bergbaues wurden vielerorts die Steine solcher Halden in Mengen zum Straßenbau verwendet, meist aus Unkenntnis, aber auch weil man bestrebt war, die davon ausgehende Belastung der Bevölkerung zu ignorieren oder zu verharmlosen.
Nicht nur die Strahlen der Erzreste sind es, die uns an diesen Orten bleiben werden, auch die Strahlung des Edelgases Radon, welches sich bei den radioaktiven Zerfallsreihen der Uranerze bildet, wird noch lange Zeit nachweisbar sein.
In den Anfangsjahren des Uranbergbaues besaß die betroffene Bevölkerung keine Möglichkeit, wenn überhaupt jemand das erforderliche Wissen aufwies, radioaktive Strahlungen in der Umwelt zu messen oder nachweisen zu lassen. Meßgeräte standen nur der russischen Betriebsleitung zur Verfügung, und es war schon ein Fortschritt, wenn nicht nur russische Soldaten oder Bergleute damit umgingen, sondern zunehmend auch deutsche Kumpels. Die Geräte mußten nach jeder Benutzung täglich abgegeben werden und wurden streng verwahrt. Ein privater Meßvorgang, zum Beispiel auf einer Abraumhalde, war dadurch völlig undenkbar, und was hätte dieser auch genutzt! Es gab keine Ansprechpartner, die gegen die Gefährdung der Umwelt hätten etwas unternehmen können. Im Gegenteil, derartige „Ausschreitungen" wären nicht ohne üble Folgen für die Beteiligten geblieben. Und hätte es nicht die Atombombenabwürfe zu Kriegsende und die danach stattgefundenen Atombombenversuche gegeben und die darüber so zahlreichen Berichte in der Presse, wäre bei der Bevölkerung und den Bergleuten die Unwissenheit über die Gefahren der nuklearen Strahlung noch weit größer gewesen. Nur ganz allmählich kam es zur Aufklärung der Menschen über das gesundheitliche Risiko in der Region, und das Bewußtsein wuchs schließlich mit.

Wie hieß es doch damals in einem Schlager: „Nach Regen scheint Sonne, nach dem Weinen wird gelacht...", oder man las des öfteren die Losung „saure Wochen, frohe Feste". Und so muß auch ein Bergmann ab und zu

Typisches Buckelbergwerk, auch Guckkasten oder Bergwerkhucke genannt. Die Bergwerksanlagen zeigen Stollen, Fahrten, Seilringe, Pochwerke und arbeitende Bergleute. Durch einen Mechanismus werden diese holzgeschnitzten Kunstwerke zum Leben erweckt, und man sieht, wie die Bergleute das Erz an die Erdoberfläche befördern. Bereits im 18. Jahrhundert und noch Anfang des 20. Jahrhunderts stellten Berginvaliden solche Buckelbergwerke her. Vorgeführt und erklärt wurden sie, gegen eine kleine Gabe, auf Märkten und Messen.

mal sein Vergnügen haben, um einen Ausgleich für seine schwere Arbeit zu erhalten. Das gibt wieder Auftrieb und Energie. So stand es auch mit unserer Turmbesatzung. Da gerade Juni war und in Annaberg das traditionelle Volksfest „Die Kät“ stattfand, hatte von unseren Leuten einer die Idee, gemeinsam zu diesem Fest zu fahren. Keiner stimmte dagegen, und nach Absprache mit dem Obermeister wurde für das Wochenende, einen Sonntag, ein Lastkraftwagen organisiert, ein ehemals russisches Militärauto amerikanischer Bauart, auf dessen Ladefläche wir genug Platz fanden. Das Wetter zeigte sich von der guten Seite. Der warme Fahrtwind brachte genügend Erfrischung.

In Annaberg angekommen, fanden wir auch bald einen günstigen Parkplatz und verabredeten uns, daß abends zehn Uhr sich alle wieder dort einfinden zur Rückreise. Bei der Ankunft stand die Sonne noch hoch am Himmel, so daß jeder genügend Zeit bekam, um den Vergnügungen nachzugehen. Da gab es Schießbuden, Glücksstände, eine Achterbahn, Luftschaukeln, viele Buden mit allerhand Essereien und mächtig viel Leute, die sich im Gedränge zwischen den Verkaufsständen so wie wir hindurchschoben. Das Wetter war etwas schwül, und der Durst blieb nicht aus. Vielen Schaulustigen sah man an, daß sie ebenfalls Bergleute waren. Sie trugen gewohnheitsmäßig Gummistiefel, deren Oberkante sie umgekrempelt hatten, eigentlich nur eine Angewohnheit mit dem Vorteil, daß diese sich besser anziehen ließen.

Schnell verging die Zeit. Als der Abend kam, spielte in der Festhalle ein Tanzorchester und lud die Massen ein zum Vergnügen auf dem Parkett. Uns zog es bald dort hinein. Nun kam erst die richtige Stimmung auf. Wir haben geschwoft und getanzt und immer mal ein paar Schnäpse getrunken. Dies ging eine ganze Weile gut, bis etwa kurz vor der Uhrzeit, zu der wir uns für die Rückfahrt sammeln wollten. Von da an konnte ich mich an nichts mehr erinnern. Ich muß wohl den Saal verlassen haben, weil mir übel gewesen ist. Als ich wieder zu Verstand kam, wurde es bereits hell, und ich befand mich mutterseelenallein auf den Stufen eines Karussells sitzend. Zuerst mußte ich überlegen, ob es früh oder Abend sei. Aber die Zeiger meiner Armbanduhr standen auf halb vier. Mich durchfuhr ein Schreck und der Gedanke, daß ich den anderen verlorengegangen bin. Weit und breit war kein Mensch mehr zu sehen. Was nun? Sechs Uhr begann meine Frühschicht, und ich befand mich noch hier in Annaberg auf dem Kätplatz. Da gab es nur eine Lösung: Auf zu Fuß, immer der Sonne entgegen, Richtung Marienberg. In zweieinhalb Stunden mußte das zu schaffen sein, wenn ich mich beeilte. Wie hätte ich auch sonst zurückkommen sollen? Der erste Linienbus fuhr erst etwa halb sechs, und bei einer reichlichen Stunde Fahrtzeit wäre das für mich viel zu spät

geworden. Der Weg führte mich querfeldein, am Wald entlang, über Wiesen, bergab und bergan, als wenn mich ein Magnet vorwärts zog. Mein Kopf wurde nach und nach wieder klar. Ich hatte Hunger. Schlimmer aber noch quälte mich der Durst. An einem Bächlein trank ich erst einmal kräftig. Kein Mensch begegnete mir. Nur ab und zu hoppelte ein Feldhase davon, dann standen ein paar Rehe am Waldrand. Erste Schmetterlinge schaukelten noch schlaftrunken vorüber. Ein Fuchs ging auf Mäusejagd, ein Bussard tat das gleiche. Die Sonne stand noch tief am Himmel.
Die frische Morgenluft und die schöne Natur bekamen mir so gut, und ich war froh, den Fußweg gewählt zu haben. Meine Gedanken gingen zurück zum gestrigen Abend. Die Kumpels hatten mich sicher gesucht und in dem Menschengedränge nicht gefunden. Was blieb ihnen dann übrig, als ohne mich zurückzufahren?
Nach eineinhalb Stunden konnte ich in der Ferne schon den Förderturm vom Schacht „Himmelreich“ erkennen. Von dort fuhren die Schichtautos, mit denen ich den Rest des Weges fahren konnte. Viertel nach sechs Uhr kam ich schließlich müde und hungrig am Bohrturm an. Mit lautem Hallo empfing man mich. Die Kumpels hatten sich schon große Sorgen gemacht. Konnte mir doch etwas zugestoßen sein, nachdem sie mich gestern nicht gefunden hatten. Ein kurzes Frühstück, gespendet von der Brigade, dann begann meine Schicht. Kurz darauf erschien der russische Bohringenieur und verlangte nach mir, dem Bohrmeister. Er hatte einige technische Anliegen. Ein Glück für mich, daß er nicht eine halbe Stunde früher gekommen war, dann hätte er vergebens nach mir gesucht.

☼

Nach meiner Qualifizierung erhielt ich gleich die erste Feuertaufe, als ich mich wieder beim Obermeister meldete. Es ging um die Übernahme einer Schicht an einem Bohrturm untertage. Meine Überraschung konnte ich kaum verkneifen, hatte ich mich doch schon sehr an die Übertagearbeit gewöhnt. Doch ich mußte zusagen. Außerdem handelte es sich nur um eine vorübergehende Zeit, in der ein Kollege wegen Krankheit ausgefallen war. Ich staunte nicht schlecht, als ich vor Ort ankam. Da stand ein Bohrturm in einem eigens dafür ausgeschossenen Rund. Zwar war es eine kleinere Maschine und ein kleinerer Turm, aber ansonsten keine schlechte Sache. Man sparte über hundert Meter Teufe ein, denn so tief befand sich unser Standort. Wieder blieb es Nacht um uns, auch am Tage. Nur die elektrischen Lampen sorgten für die nötige Helligkeit. Die Luft blies frischer und sauberer als früher, so daß es keinen Vergleich zu den Arbeitsstellen vor Ort der Vergangenheit gab.

Zwölf Wochen spielte ich den Ersatzmann, dann ging es zurück nach übertage an eine der großen Maschinen. Ich war froh darüber, wieder in Gottes freier Natur arbeiten zu können. Damit fielen allerdings auch der Untertagezuschlag und die Untertageverpflegung wieder weg.
An unseren Bohrtürmen blieb mit dem Fortschreiten der Zeit die vorhandene Technik die gleiche, für unser Tun auch ausreichend und ihren Zweck erfüllend. Inzwischen hatte man mich an einem Bohrgerät eingesetzt, das gerade die Bohrungstiefe von 500 Metern erreichte. Dies wäre eigentlich die Kapazitätsgrenze für die Bohrmaschine gewesen. Aber wir drangen weiter in die Tiefe vor. Es ging nun langsamer voran, da der Gestängeein- und -ausbau mehr Zeit in Anspruch nahm.
Der Winter hatte Einzug gehalten mit Schnee und Kälte, hier im Gebirge eine Normalität. Wir machten die aus Brettern rings um unseren Bohrturm gezimmerte Einhausung einigermaßen wetterdicht. Nur nach vorn und oben war sie offen, wodurch die Wärme eines kleinen Kanonenofens schnell wieder nach außen abzog. Unter unseren Gummijacken trugen wir noch Wattekleidung, welche die nötige Körpertemperatur einigermaßen festhielt. Fast täglich besuchten uns die Geologen, um die neuerbohrten Gesteinskerne zu begutachten. Wir arbeiteten jetzt auch an Sonntagen, damit bis Weihnachten der Bohrplan erfüllt werden konnte, was uns auch gelang.
Öfters war etwas Besonderes los. Daß es in meinem Bekanntenkreis schwerwiegende Probleme geben konnte, hatte ich nicht vermutet. Einer dieser Kollegen, mit dem so manche lustige Stunde beim Abhören von Schallplatten und Genuß alkoholischen Getränken verbracht wurde, kam plötzlich nicht mehr zur Arbeit. Auch er war an einem der Bohrtürme beschäftigt. Er stammte nicht aus der hiesigen Gegend, sondern war von weiterher zugereist. Dem Dialekt nach, den er sprach, mußte er im Brandenburgischen zu Hause sein. Zumindest erzählte er öfters über diese Gegend. Von seinem Wohnort, wenn die Rede darauf kam, lenkte er immer wieder etwas ab, so daß seine genaue Herkunft ein Rätsel blieb.
Die Polizei hatte ihn abgeholt. Schon öfter fiel uns auf, daß er immer an freien Wochenenden nach Berlin fuhr. Ob nach Ost- oder Westberlin, ermittelten wir nie. Sonderbar war nur, daß er jedesmal mit Westzigaretten, Schokolade und anderen Raritäten zurückkam, die es hier in der sowjetischen Besatzungszone nicht gab. Da er untertage arbeitete, hatte er einen leichten Zugang zum Uranerz, und man munkelte, daß er solches bei sich gehabt hätte. Was wirklich gewesen ist, konnten wir nicht herausbekommen, auch nicht durch dessen Obermeister. Sollte er doch diese Dummheit getan haben, konnten wir ihn kaum bedauern, zumal er über die Gefährlichkeit solcher Schiebereien wußte.

Auf einem Schacht in der Nachbarschaft gab es einen tragischen Unfall. Die Katastrophe hatte sich etwa wie folgt zugetragen:
Es war ein Arbeitstag wie jeder andere. Der Schichtwechsel verlief wie jeder andere ohne Besonderheiten. Die Brigade in einem Querschlag war dabei, die Strecke voranzutreiben. Nach den Berechnungen der Markscheider sollte die Verbindung zu einer aus der Silberzeit stammenden Strecke hergestellt werden. Hierzu hatte man sich der alten Aufzeichnungen aus den Unterlagen des Bergarchives Freiberg, wo diese zentral lagerten, bedient, und nur selten mußte bei solchen Vorhaben die Richtung korrigiert werden. Schon einige Tage verliefen die Arbeiten zügig, Bohren, Sprengung, Abfuhr der losgeschossenen Masse und Streckenausbau, soweit nötig. Dieses spielte sich Schicht für Schicht ab. Viele Meter konnten es nicht mehr sein, bis der Durchbruch stattfand. Wieder hatten die Hauer die Bohrlöcher für die Sprengladungen gut gesetzt. Im Durchschnitt betrug der Vortrieb 3 m im harten Gneis. An diesem Unglückstag lief vorerst alles nach Plan. Die Kumpels hatten sich in Sicherheit gebracht, da die Sprengung bevorstand. Dann kam der Moment. Alle Ladungen zündeten, und die Felsmasse löste sich aus dem Berg. Doch als schon alles wieder ruhig zu werden schien, brach die Wand aus der alten Strecke mit fürchterlichem Getöse durch. Eine Sturzflut Wasser ergoß sich in den Querschlag, riß Steine, Werkzeug und Hölzer mit sich fort, stürmte vorwärts bis hin zum Förderschacht und stürzte donnernd in dessen Gesenk. Dort unten befanden sich einige Kumpels bei Ausbauarbeiten, auf die sich überraschend Wasser und Geröll ergossen. Die Wassermasse besaß so eine Gewalt, daß sich die Bergleute nicht mehr in Sicherheit bringen konnten. Trotz sofort eingesetzten Rettungsmaßnahmen kam jede Hilfe zu spät. Sieben Kumpels ereilte der Bergmannstod. Tragisch, wenn man so etwas erfährt. Es hatte sich in Windeseile herumgesprochen, und es gab kaum einen der sonst hartgesottenen Kumpels, den das Unglück nicht innerlich berührte. Waren doch viele täglich dieser oder ähnlichen Gefahren ausgesetzt. Lange wurde unter den Bergleuten das Geschehen diskutiert. Gab es Schuldige? Wohl kaum. Die Berechnungen stimmten. Die alte Strecke war mit Wasser gefüllt, und gerade an dieser Stelle war der Fels porös und brach wahrscheinlich eine Sprengung zu früh. Befanden sich größere Hohlräume im Gebirge, meist als Überbleibsel des Abbaues aus der Silberzeit, die sich im Verlauf der Jahrhunderte mit Wasser füllten, wurde dies fast immer durch Arbeiten der Geophysik ermittelt. Mußten derartige Schächte erschlossen und aufgesprengt werden, waren diese Tätigkeiten immer die eines "Himmelfahrtkommandos", wie die Kumpels dazu sagten, denn das Wasser blieb in Menge und Gewalt unberechenbar.

Eine ganz andere Begebenheit soll sich im Schacht Lauta zugetragen haben, als man beim Vortrieb auf eine Wasserader traf, deren Temperatur über 25°C aufwies. Anscheinend handelte es sich um eine Mineralquelle, wie sie in der Umgegend im Thermalbad Warmbad bei Wolkenstein aus der Tiefe zutage tritt. Fachleute haben nachgewiesen, daß im Rahmen der Zeit des Uranbergbaues die Temperatur der Warmbadquelle erheblich zurückgegangen sei, was nicht verwunderte. Denn die Bergbautätigkeit kreuz und quer in mehreren hundert Metern Tiefe rings um das Mineralquellengebiet blieb nicht ohne Auswirkungen. Dennoch haben sich später Ergiebigkeit und Temperatur der Heilquelle weitgehend wieder normalisiert.

Neben unserer Bohrstelle entstand eine Schachtanlage. An einem sonnigen Tag fuhr ein Jeep vor, aus dem drei Männer in Arbeitskleidung und Gummistiefeln ausstiegen und über einer Karte gebeugt diskutierten. Dann schlugen sie mitten in eine von Blumen dicht bestandene Wiese einen rot bemalten Holzpfahl, welcher am oberen Ende eine Zahl aufwies. Zuerst dachten wir, es sei für uns eine neue Bohrstelle, was wir aber auf Grund der Nähe nicht für sinnvoll hielten. Doch schon am übernächsten Tag fuhr dort ein Lastkraftwagen vor, von dem Bretter, Kanthölzer und allerlei Gerät abgeladen wurden. Wieder einen Tag später kamen frühmorgens einige Kumpels und begannen, das Erdreich in einem Geviert auszuheben. Ein Bergwerk wurde geboren. Auf unser Befragen antworteten die Leute, daß hier ein Gesenk niedergebracht werden soll, um eine Verbindung zu einem in der Tiefe vorbeiführenden Stollen herzustellen. Bald errichtete man eine Bretterbude, zapfte unsere Stromleitung an, stellte eine Haspel und einen Dreibock auf, und die Förderung der Erd- und Gesteinsmasse mittels eines Eisenkübels begann. Primitiv und mit einfachsten Mitteln, bald wie zu Agricolas Zeiten, nur daß jetzt Elektrizität zur Verfügung stand. Die geförderte Masse kam gleich neben der Haspelbude auf die hübsche Blumenwiese. Wieder einige Tage später hatten die Kumpels festen Fels erreicht, so daß Hacke und Schaufel als Werkzeug nicht mehr ausreichten. So wurde von der nächstliegenden Schachtanlage eine Preßluftleitung herangelegt. Bald danach ratterten in dem Gesenk die Lufthämmer.

Man arbeitete bereits in Schichten. Die Haspel bedienten Frauen. Diese hatten es zu Beginn nicht leicht, sich den Männern gegenüber durchzusetzen. Insbesondere weil diese der Bequemlichkeit wegen mit dem Förderkübel ein- und ausfahren wollten, was streng verboten war. Hatte dies doch andererorts schon zu tödlichen Unfällen geführt. Es standen Fahrten im Gesenk, mit deren Benutzung vorerst vorliebgenommen werden

mußte, mühsam, aber zweckerfüllend. Doch mit Hilfe des Steigers, der täglich vorbeischaute, kam schnell Ordnung in die Brigaden. Der Schacht wurde jeden Tag von Zimmerleuten mit Kanthölzern ausgebaut. Er war so groß, daß später ein Förderkorb genug Platz für die Befahrung mit Masse und Personen bekam.
Während die Bergleute immer tiefer in den Berg senkrecht vordrangen, herrschte übertage reges Bautreiben. Ein Förderturm mit Maschinenhaus, eine Kompressorenstation, eine Werkstatt und ein Sozialgebäude entstanden in einem Tempo, daß wir, die wir schon einiges gewöhnt waren, das Staunen bekamen. Wir Leute von der geologischen Erkundung fanden es recht interessant, mal aus der Zuschauerperspektive zu erleben, wie eine Schachtanlage der „Wismut" aus einem Nichts emporwuchs. Die geförderte Masse, welche keine andere Verwendung fand, diente für den Bau einer provisorischen Fahrstraße. Das Ganze glich einem Ameisenhaufen, so intensiv verrichtete man die Tätigkeiten. Anscheinend kam dem neuen Gesenk eine besondere Bedeutung für die Urangewinnung zu.

Vom Fuhrpark, dem Stützpunkt aller zum Objekt 5 gehörenden Kraftfahrzeuge, erhielten wir bei Bedarf einen Lastkraftwagen zugeteilt, der für unsere Bohrtürme die verschiedensten Materialien transportierte. Der Einfachheit halber war es meist ein und derselbe Fahrer, ein Mann Mitte der Vierziger, im Krieg bereits als Kraftfahrer gedient, verwegen und gut im Organisieren. Er besorgte uns regelmäßig ausländische Zigaretten, und wenn mal einer für sein Motorrad Benzin brauchte, half er gerne aus, abgezapft von „seinem" Dreitonner „Opel Blitz". Was er sonst noch für andere Leute besorgte, wußten wir nicht, es muß aber manches gewesen sein, vor allem Benzin. Denn nicht ohne Grund erhielten eines Tages alle Bezintanks der Fahrzeuge Vorhängeschlösser, für die nur die Fahrdienstleitung die Schlüssel besaß.
Es war eben eine bedürftige Zeit. Vieles unter der Bevölkerung litt unter Knappheit, und die „Wismut" bekam so mancherlei im Überfluß, wovon deshalb so einiges abgezweigt wurde, heimlich natürlich. Nur ertappen lassen durfte sich keiner. Die Strafen waren hart.
Im täglichen Umgang mit russischen Soldaten lernten die Kumpels zahlreiche Gebrauchswörter deren Sprache, meist Schimpfwörter übelster Art, aber auch nützliche Worte. Am häufigsten gingen die Bezeichnungen für die deutschen Wörter „schnell, Arbeit, Zigarette, Feuer, Brot, guten Tag" um. Aber auch die Worte für „danke" und „bitte" blieben nicht aus. Im Gegenzug benutzten die russischen Soldaten und Techniker manches deutsche Wort beim Umgang mit den Bergleuten. Ging mal etwas an den

Arbeitsgeräten kaputt und die Ursache ließ sich nicht gleich klären, oder es klappte mal in der Arbeitsorganisation nicht alles, mußten wir öfters das schöne Wort „Sabotage“ über uns ergehen lassen. Meist war es nicht so ernst gemeint, wie es betont wurde. Dazu kamen einige russische Schimpfworte, die wir zum Teil verstanden, so daß wir uns kaum noch damit einschüchtern ließen. Wäre es tatsächlich Sabotage gewesen, ob bewußt oder unbewußt, und wurde eine solche einigermaßen nachgewiesen, stand darauf Gefängnisstrafe. Dies galt für Deutsche wie auch für Russen. Aber wer hätte von uns schon Lust gehabt, seinen eigenen Arbeitsplatz zu sabotieren oder gar zu vernichten. Schließlich brachte er uns doch Arbeit und Brot in einer schweren Zeit.

Vorkommnisse, die politische Bewertung und Konsequenzen zur Folge hatten, kamen verhältnismäßig wenig vor, zumindest in unserer Gegend. Auch daß in den Köpfen der Menschen das Umdenken in die neue Zeit noch nicht restlos vollzogen gewesen ist, machte sich hin und wieder bemerkbar. Der Weltkrieg war doch erst gerade vier Jahre zu Ende und damit auch das Dritte Reich, in dessen Geiste die meisten Menschen hierzulande erzogen gewesen sind. Die Russen blieben für viele eine Besatzungsmacht, trotz der relativ guten Zusammenarbeit in den Bergwerken der SAG „Wismut“. Hier im Erzgebirge arbeiteten jedoch auch Bergleute, die zur Bewährung aus dem Strafvollzug kamen und die dann und wann wieder mal über die Stränge schlugen oder sich böse Scherze erlaubten. So wurde auf einem Aussichtsfelsen, der in Wolkenstein unweit des Bahnhofes achtzig Meter senkrecht emporragt und weit sichtbar ein herrliches Panorama bildet, eines Nachts an einem dort oben stehenden Fahnenmast eine große Hakenkreuzflagge gehißt. Wer die Täter gewesen sind und woher die Fahne stammte, blieb unbekannt.

Ein anderes Vorkommnis ereignete sich bei einem Maskenball, den die „Wismut“ anläßlich eines Faschingsfestes veranstaltete. Am fortgeschrittenen Abend zogen vier maskierte Männer in den Tanzsaal ein, die einen Sarg trugen. Sie gingen in die Mitte der Tanzfläche, stellten den Sarg ab und verschwanden wieder unerkannt. Die umstehenden Gäste staunten nicht schlecht. Hatten sie doch so etwas auf einem Maskenball noch nicht erlebt. Unschlüssig tanzte man weiter um den Sarg herum. Nach einer Weile wagten ein paar beherzte Kumpels, den Sarg zu öffnen. Doch die Überraschung war groß. Im Sarg lag kein Mensch oder Tier, sondern nur ein Schild mit der kunstvoll gezeichneten Aufschrift „Stalin verrecke!“ Das war schon eine Sensation. Denn für so einen Scherz oder besser gesagt für so eine Tat stand mit Sicherheit eine mehrjährige Gefängnisstrafe. Die Urheber fand man aber zu deren Glück nicht heraus. Ob ihnen das Risiko bewußt gewesen ist, muß sehr bezweifelt werden.

Die meisten Gäste des Tanzabends betrachteten jedoch das Ganze als einen üblen Spaß, und bereits am nächsten Tag sprach kaum jemand noch darüber.

Für uns von der geologischen Erkundung wurden nach und nach die Aufträge geringer. Die Erzgebirgslandschaft galt vielerorts für erschlossen. Bald ging die Parole um, daß ein völlig neues Territorium erforscht werden sollte. Thüringen war im Gespräch. Nur wußten wir noch nichts Genaues, wann und wo. Fakt war jedoch, daß wir von der Tiefenbohrung mit die ersten sein sollten, der Vortrupp sozusagen. Noch vergingen einige Monate. Der Winter war längst vorbei, als der Marschbefehl eintraf. Wir schrieben das Jahr 1950. Als Ziel wurde Schleusingen im Thüringer Wald genannt. Es herrschte Aufbruchstimmung. Und so kam der Tag heran, wo es losging. Die Bohrtürme und Maschinen fanden auf Lastkraftwagen und Bahnwaggons ihren Platz. Wir reisten mit der Eisenbahn voraus und meldeten uns bei der schon funktionierenden Quartierverteilungsstelle.
Thüringen, welch ein schönes Land. Nun lag unser Erkundungsgebiet mitten in bewaldeten Bergen, weitab von Siedlungen und Zivilisation. Ein ausgedehnter Bergrücken, der in den Vorjahren wegen starken Borkenkäferbefalls entwaldet worden war, sollte unser neues Revier werden. Wohnen konnten wir im einige Kilometer entfernten Schleusingen, einem hübschen Städtchen, rings von Bergland und Mischwäldern umgeben. Die Einwohner dieser Stadt betrachteten unser Bergbauunternehmen, welches sich breitzumachen begann, mit Skepsis. Hatten sie doch schon von den Zuständen im oberen Erzgebirge gehört und auch von einigen kriminellen Vorkommnissen, die dort geschehen sind. Manche Mütter bangten um ihre Töchter, wenn sie den harten Wismutbergleuten begegneten. Andere wieder, besonders die Gastwirte, sahen mit dem Eintreffen der Kumpels eine willkommene Umsatzsteigerung. Manch einer erinnerte sich an Wildwestfilme über Goldsucher und stellte erste Vergleiche an. Auch hierbei spielte unter den Leuten wieder der Alkohol für deren Benehmen eine nicht unwesentliche Rolle. Denn im Grunde handelte es sich bei den meisten Bergleuten um anständige Menschen, die ihre Aufgaben in der Arbeit sahen, in der Erfüllung der Aufträge und im Geldverdienen. Also eine ganz normale Eigenschaft, die jeder gesunde Mensch besitzt.

Unser Bohrfeld reichte von Erlau bis zum Suhler Friedberg. Auch lagen ganz andere geologische Verhältnisse vor. Das Gebiet bestand in der Erkundungstiefe überwiegend aus Buntsandstein. Das Ganze stellte einen Großeinsatz dar, zu dem zwei 500er und sechs 300er Bohrmaschinen zur

Verfügung standen. Hier konnte jeder beweisen, was er gelernt hatte. Gearbeitet wurde in drei Schichten mit je drei Mann Besatzung an unserem großen Turm und je zwei Mann an den kleineren Bohrtürmen. An letzteren befand sich auch eine Bohrmeisterin. Eine recht resolute Frau von fünfundzwanzig Jahren, der nicht gleich jemand bei dieser schweren Arbeit etwas vormachen konnte.

Elektrischen Strom gab es hier nicht, nicht einmal für die Beleuchtung. Als Antrieb standen Dieselmotoren alter Bauart zur Verfügung, sogenannte Glühkopfdiesel, deren Zündung vorgeglüht werden mußte. Danach brachten zwei Kollegen am Triebriemen das Monster zum Anspringen. Und wenn man Glück hatte, lief der Motor in die richtige Richtung. War dies nicht der Fall, mußte das Ungetüm wieder angehalten werden, und die Prozedur begann aufs Neue. Kam der Diesel erst einmal richtig in Gang, konnte er allerhand Belastung vertragen. Er lief und lief, was das Zeug hielt.

Der Bohrvortrieb gelang zwar hier im Buntsandstein besser als im harten Gneis des Erzgebirges. Jedoch bestand die größere Gefahr des Festfahrens und damit eines Gestängebruches. Mehrmals ist uns dieses passiert. Die Havariebeseitigung dauerte oft ein bis zwei Schichtlängen, was manchen Ärger einbrachte. Die maximal zu erreichende Bohrtiefe betrug nur 350 bis 400 Meter. Für unsere große Maschine war das kein Problem, wenn das Festfahren nicht gewesen wäre. Der Bohrvorgang selbst blieb eine Gefühlssache, besonders für den die Maschine bedienenden Kollegen. Trotz der angebrachten Gegengewichte zog die Last der Stahlgestänge kräftig nach unten in die Tiefe. Das mußte mittels eines Bohrhebels laufend ausgeglichen werden.

Als Bohrmedium verwendeten wir nicht wie im erzgebirgischen Fels Stahlschrot, sondern mit Widiastiften besetzte Bohrkronen, die am unteren Ende des Kernrohres sorgfältig aufgeschraubt wurden.

Die Arbeitskräfte am Turm bestanden teils aus Männern, die mit uns von zu Hause gekommen waren, teils stammten sie aus dem Thüringer Land. Verwegene Burschen, mit denen man schon Geld verdienen und die auch zupacken konnten. Wenn wir in der Nachtschicht mal Pause machten, saßen wir am Lagerfeuer und erzählten uns Erlebnisse aus vergangenen Zeiten. Der eine stammte aus Ostpreußen und sprach gern von seiner alten Heimat. Auch diente er zwei Jahre in der französischen Fremdenlegion, aus der er wieder unter mysteriösen Umständen geflohen war. Der andere Kollege wurde im Krieg als Flieger über der Nordsee abgeschossen und hatte so einiges durchgestanden bis zu seiner Rettung. So lief immer ein spannendes Thema und etwas Romantik bei unserer täglichen Arbeit. Streit gab es eigentlich nie. Alle waren aufeinander angewiesen. Es herrschte ein gewisser Kollektivgeist. Nur damit konnten wir gut schaffen und die Tage und Nächte durchstehen, vor allem, wenn es kalt und regnerisch war. Alles spielte sich doch unter freiem Himmel ab. Wie im Erzgebirge kamen auch hier mindestens einmal in der Woche die Geologen und Geophysiker, maßen die Tiefe und die eventuelle Strahlung und begutachteten die Bohrkerne.

Als der Winter begann, wechselten wir den Standort Richtung Suhl. Am Friedberg lag der neue Bohrpunkt. Dort gab es Stromanschluß. Die Elektriker setzten die beiden Elektromotoren anstelle des Diesels. Nun war auch ordentliche Beleuchtung vorhanden und vor allem eine einigermaßen wetterfeste Umhausung. Wir kamen uns vor wie in einer anderen Welt. In der Nähe befand sich sogar ein kleiner Bahnhof, von dem wir per Eisenbahn in den Quartierort fahren konnten.

Eines Tages ereilte mich ein kleiner Unfall, als beim Ablauf einer Havariebeseitigung ein schweres Gestänge mit einem angeschraubten Stahldorn aus dem Seilzug aushakte und mir auf den Fuß schlug. Der Dorn durchbohrte den Gummistiefel und streifte den großen Zeh, wonach das Blut aus dem Stiefelloch quoll. Doch ich hatte etwas Glück dabei. Der Dorn hätte auch den Mittelfuß treffen und zerschlagen können. Es brachte mir drei Tage Arbeitsausfall. Danach stand ich schon wieder an der Bohrmaschine, wenn auch etwas humpelnd.

Der Suhler Friedberg ist eine herrliche Landschaft. Abends sah man die Lichter von Suhl heraufleuchten. Dick beschneite Fichten und Tannen umgaben unseren Arbeitsplatz, und weit und breit waren wir mit uns allein. Mal pfiff eine Lokomotive am nahen Bahnhaltepunkt. Oder aus der Ferne klang Glockenläuten zu uns herauf, wenn der Abend kam. Ansonsten herrschte winterliche Stille ringsumher. Und wer einen Sinn für das Ganze besaß, empfand es als die „Sonnenseite“ unserer Tätigkeit. Ab und zu kreuzten Rehe unseren Zufahrtsweg zu einem in der Nähe befindlichen Futterplatz. Das Geräusch unserer Motoren und das metallene Geklapper der Bohrwerkzeuge schienen das Wild nicht weiter zu stören. Hin und wieder mußte ich an die Kumpel in den Schächten des Erzgebirges denken und an deren belastende Arbeit in der Dunkelheit der Bergwerke. Wenn wir auch ab und zu froren in diesen kalten Bergnächten, so blieben wir doch weit besser im Vorteil in der gesunden Waldluft.

Weihnachtszeit. Eine Woche daheim im Erzgebirge tat gut, besonders über die Feiertage im Weihnachtsland. Selbst wenn die Not der Nachkriegszeit noch an manche Tür klopfte, so machten die Leute, so gut es ging, das

Beste daraus. Weihnachtsstollen, Gänsebraten und vielerlei Backwerk konnte man zumindest in den Bergarbeiterfamilien wieder finden. Doch auch die anderen hatten für das Fest gespart. Mancher mit Mühe fettgefütterte Stallhase kam unters Messer. Was aber bei allen Familien im Erzgebirge gepflegt wurde, war die volkstümliche Tradition des Bastelns, Schnitzens und Klöppelns. Wie in alter Zeit lebt sie weiter, und an den Fenstern konnte man es deutlich sehen: Geschnitzte Bergleute und Lichterengel, Räuchermänner und vielerlei Getier standen hinter den Glasscheiben. Wenn dann der Abend kam, leuchteten die Kerzen aus den Fenstern hinaus in die schneebedeckte Weihnachtslandschaft. Pyramiden drehten sich in den Stuben, und auf den Markt- oder Dorfplätzen standen stolz die großen Weihnachtsbäume. Hier kam überall die Sehnsucht des Bergmannes nach dem Licht, nach Tag und Sonne symbolisch zum Ausdruck. Dieser Tradition machte auch der Uranbergbau keinen Abbruch. Im Gegenteil, er paßte gut in die winterliche Landschaft. So war es voller Reiz, abends durch die Gassen zu gehen und die festliche Pracht zu bewundern. Auch vor manchen der Schachtanlagen leuchtete am Eingang ein kleiner Weihnachtsbaum.

Nicht alle Kumpels fuhren zu den Feiertagen heim. Einige mußten arbeiten, Elektriker, Pumpendienste, Reviersicherheitsleute. Andere wieder, wenn sie von weither stammten, verbrachten die Feiertage bei ihren Quartierleuten und lernten dabei erstmals die erzgebirgischen Weihnachtsbräuche kennen. So geschah es auch bei den Eltern meines Freundes, die zwei Bergleute aus Mecklenburg beherbergten. Sie kannten das Erzgebirge vorher nicht. Vor allem die Mundart, in der sich die Quartiergeber oft unterhielten, brachte manchen Spaß mit sich. Meist mußte danach das Gesagte gedolmetscht werden. So verhielt es sich gleichfalls, wenn die beiden in ihrem mecklenburgischen Plattdeutsch antworteten. Damit wurde ein regelrechter Familienanschluß gefördert, der die zwei Junggesellen veranlaßte, das Christfest und den Jahreswechsel hier im Gebirge zu verleben. Bei einem allerdings war wohl die Tochter des Hauses mehr der Grund, auf die weite Heimfahrt nach Norden zu verzichten.

Im sächsischen Erzgebirge unweit von unserer alten Bohrstelle war inzwischen wieder eine neue Schachtanlage entstanden. Stolz ragte ihr Förderturm empor, und die Abraumhalden wuchsen täglich. Der Schacht hatte eine eigene Gemeinschaftsküche, eine Sanitätsstation und mehrere technische Gebäude. Das war schon etwas anderes als vor vier Jahren, wo ich als Fördermann begonnen hatte. Die Kumpels konnten sich jetzt nach der Schicht duschen, umziehen und bequem die Heimfahrt antreten. Überall schossen neue Bergwerke wie Pilze aus dem Boden. Mal waren es alte Silbergruben, die wieder erschlossen wurden, aber auch völlig neue

Anlagen, meist als Gesenk begonnen, entstanden. Die ganze Landschaft erschien verändert, hatte eine neues Gesicht bekommen, Bergbaulandschaft, wie vor einigen hundert Jahren, nur größer, gewaltiger, moderner. Wie man erzählte, kamen in den Revieren um Johanngeorgenstadt und Aue bereits Überkopflader zum Einsatz, Maschinen, die vor Ort die schweren Gesteinsmassen in die Hunte luden. Aber auch schwere Unfälle passierten immer wieder. Da ein Unglück untertage, dort wieder ein Wassereinbruch mit schwersten Folgen und Todesfällen. Aber immer weiter ging der Vortrieb. Uranerz war die Parole. Jetzt wurde auch vor Ort naß gebohrt. Die staubgeschwängerte Luft erfüllte nur noch in wenigen Ausnahmen die Stollen und Querschläge. Neue Verkaufsstellen der „Wismut" zu deren Versorgung sowie Clubhäuser und Sanatorien entstanden. Es fanden Bergfeste statt, wo der Alkohol in Strömen floß. Schlägereien blieben nicht aus. Manchmal sogar Saalschlachten. Die Polizei hatte immer noch viel zu tun.
Ich aber genoß die kurze Zeit des Urlaubes, mußte ich doch schon bald wieder hinaus ins Thüringer Land an den Bohrturm.

☼

Mai 1951. Wieder sind wir in eine neu zu erschließende Landschaft aufgebrochen. Dieses mal ging es in den Raum Ronneburg in Ostthüringen. Die Gegend fand ich nicht ganz so reizvoll wie den Thüringer Wald. Alles war wieder anders, auch die Geologie. Der Untergrund bestand aus Schiefergebirge, in dem Uran lagern sollte. Die Bohrtiefen lagen zwischen 250 m und 350 m. Zum Teil mußten einige Bohrungen schräg erfolgen, der Gebirgsstruktur wegen. Das war ebenfalls neu für uns und erforderte einen anderen Bohr- und Förderstil. Doch wir gewöhnten uns schnell daran.
Unseren Nachbarturm leitete die Bohrmeisterin, die wir schon im Thüringer Wald kennengelernt und bewundert hatten. Sie behauptete sich nicht nur gegenüber ihren männlichen Kollegen, sie war auch durch und durch ein guter Kamerad und Kumpel. Wenn nötig, fuhr sie mit den anderen Sonderschichten an Sonn- und Feiertagen, ohne zu klagen. Ihre Brigade stand gut im Vortrieb, und jeder zollte ihr Achtung und Anerkennung. Dumme Scherze und Bemerkungen, wie sie von den Kumpels gern Frauen gegenüber geäußert wurden, kamen bei ihr nur einmal zustande. Ein zweites Mal traute sich keiner wieder, so etwas zu sagen. Eine einzige Zurechtweisung von ihr genügte in den meisten Fällen. Wir nannten sie Rosi, obwohl sie Rosemarie hieß. Und hätte sie nicht ihr langes schwarzes Haar - Männer trugen zu dieser Zeit nur kurzen Haarschnitt -, wäre sie in ihrem Arbeitsanzug und den umgekrempelten Gummistiefeln wohl kaum als Frau erkannt worden. Selbst ihr sonnen-

gebräuntes Gesicht zeigte männliche Züge. Nur wenn sie lächelte, kam etwas weiblicher Charme zum Vorschein.
Simulanten gab es überall, auch unter den Kumpels der „Wismut". Nicht alle gingen gern zur Arbeit, und sie kamen auf die verrücktesten Einfälle, den Ärzten etwas vorzuschwindeln, nur damit dieser sie krankschrieben. Die Methoden waren vielseitig und sprachen sich schnell herum. So zum Beispiel behaupteten welche, ein Magengeschwür vortäuschen zu können, indem diese kurz vor der Röntgenaufnahme ein oder zwei harte Erbsen verschluckten, die dann auf dem Bildschirm bei oberflächlicher Betrachtung einem Geschwür ähneln sollten. Andere Kumpels wieder verzehrten den Inhalt einer Tube Zahnpasta und behaupteten, dies würde Fieber erzeugen. Ich habe aber an diesen Unsinn nie geglaubt und blieb der Meinung, der Mensch sollte froh sein, wenn er gesund ist, um arbeiten zu können. Aber so gab es eben bei dem zusammengewürfelten Volk von Bergleuten aus allen Landesgegenden auch schwarze Schafe. Sicher war jeder froh, wenn er mal einige Tage ausspannen konnte von der schweren Bergmannstätigkeit. Aber mit rechten Dingen muß es schon zugehen.
Auch bei Ronneburg wuchsen schon die ersten Schürfschächte und Abraumhalden. Man bekam den Eindruck, daß sich dieser ostthüringische Uranbergbau zu lohnen schien, was sich später enorm bestätigte. Der erfolgreiche Abbau fand in großem Maße bis Anfang der neunziger Jahre statt. Anders als im Thüringer Wald, wo es nur bei Erkundungs- und Schürfarbeiten geblieben ist.
Bald kam das erste Thüringer Bergfest zur Durchführung mit Musik, Tanz, vielerlei Essen und Auszeichnungen erfolgreicher Brigaden. Zu solchen Anlässen, die mancherorts auch mit Umzügen verbunden wurden, trugen zahlreiche Bergleute, besonders die am Bergtechnikum qualifizierten, ihre Berguniform, in der Bergmannssprache Berghabit genannt. Jacke und Hose bestanden aus schwarzem Leinenstoff, besetzt mit goldfarbenen Knöpfen und Kragenspiegeln mit gekreuztem Eisen und Schlägel, das historische Bergwerkszeichen. Eine alte Tradition, die fortbesteht und auch im Uranbergbau gepflegt wurde. In ihr kam und kommt der Stolz des Bergmannes zum Ausdruck. Es war schon etwas Besonderes, Bergmann zu sein. Nicht etwa wegen der materiellen Vorteile, welche die Bergleute genossen, sondern ganz einfach wegen der Besonderheit des Arbeitsplatzes in der Dunkelheit des Berginneren und die Schwere und die Gefahr der Tätigkeit. Wußte doch keiner bei Schichtbeginn, ob er das Licht der Sonne je wieder erblicken konnte.
Wir hatten allerdings in punkto Auszeichnung kein Glück dabei. Es galt zwar die Formel „ich bin Bergmann, wer ist mehr", aber die Politik spielte ebenfalls eine Rolle, wenn man geehrt werden sollte. Bis auf unseren

Ehren-Urkunde der Industriegewerkschaft Wismut für hervorragende Leistungen im sozialistischen Wettbewerb.

Leihgabe: Erzgebirgsmuseum Annaberg

Obermeister war von der Turmbesatzung keiner politisch organisiert. Im Gegenteil, wir bestanden aus ziemlich kritischen Leuten. Dafür konnte uns fachlich nicht gleich jemand etwas vormachen. Und mit Politik wollte sich keiner belasten. Wir waren noch bedient vom Dritten Reich. Das Uranerz sei zur Erhaltung des Friedens in der Welt, wurde uns gesagt. Und wenn man heute am Ende des zwanzigsten Jahrhunderts darüber nachdenkt, kann man schlußfolgern, daß dieses sogar stimmte. Denn nur das atomare Gleichgewicht der beiden Großmächte hat einen neuen Weltkrieg verhindert.

Nur die Methoden des Abbaues und der Gewinnung dieses wichtigen Rohstoffes, der so intensiv strahlte, blieben zweifelhaft. Man nahm zuwenig Rücksicht auf die Gesundheit der Kumpel, klärte diese auch zuwenig auf. Immer wieder aufs Neue bekamen wir dies in Gesprächen und Schilderungen zu spüren, obwohl die meisten Bergleute nicht danach fragten. Nicht ohne Grund hatte das „Wismut“-Unternehmen erste Sanatorien eingerichtet, um den bereits geschädigten Bergleuten gesundheitlich etwas Hilfe zukommen zu lassen. Der Bergarzt konnte jetzt entscheiden, wer eine Kur dringend benötigte.

Auch in Ronneburg befanden sich alle Quartiere bei Privat- und Geschäftsleuten. Diese wurden von den Behörden dazu aufgefordert, Unterkünfte für die zunehmende Zahl der Bergleute bereitzustellen. Außerdem wußte man ja, wer zuviel oder ungenutzten Wohnraum besaß. Ich hatte mein Quartier bei einem Konditormeister, nette Leute. Und wenn ich zur Frühschicht mußte, erhielt ich zum Frühstück frische Brötchen mit Kaffee, Bohnenkaffee, der damals noch recht teuer und selten gewesen ist. Mein Kollege wohnte bei einem Fleischer. Auch er konnte sich nicht beklagen. Mittagessen bekamen wir in einer Gaststätte, die speziell für uns Bergleute kochte, gegen Talon. Meine Freizeit nutzte ich zur Erlangung des Führerscheines für Kraftfahrzeuge, obwohl sich der Traum vom eigenen Auto erst nach 16 Jahren erfüllen sollte.

Wieder vergingen Monate intensiver Tätigkeit. Nach und nach wurden die Bohrbrigaden reduziert. Uns versetzte man wieder in die Heimat zurück. Doch auch dort gab es nur wenig Bohrpunkte, die noch erkundet werden mußten. Als diese erschlossen waren, stellte man uns zur Wahl, die Arbeit zu wechseln, also wieder in irgendeinem Schacht über- oder untertage einer noch nicht vorauszusehenden Tätigkeit nachzugehen. Das war sozusagen das Schicksal der Mitarbeiter der geologischen Erkundung, also unser Schicksal. Von Bedeutung blieb nur noch der Uranabbau, die Ausbeute der Schachtanlagen. Die andere Variante bestand darin, sich ganz von der

„Wismut“ zu lösen und zu einer staatlichen Bohrfirma überzuwechseln, aber dafür im Beruf zu bleiben. Dazu hatte ich mich auch entschlossen. Der Uranbergbau brachte mir zumindest einen neuen Beruf ein, auch einen besseren sozialen Wohlstand und nicht zuletzt infolge klarer Entscheidung den Erhalt meiner Gesundheit, soweit ich dieses beurteilen konnte.
In den Folgejahren kam der Uranbergbau im Erzgebirge schließlich völlig zum Erliegen.Was blieb, ist eine Bergbaulandschaft mit großen Halden, stillgelegten Schächten als Zeugen einer Zeit des intensiven Bergbaues nie zuvor dagewesenen Ausmaßes, aber auch als Zeugen der Opfer, die das Uran gefordert hat. Einige Schachtanlagen sind als Schaubergwerke erhalten geblieben. Sie werden von vielen Gästen und Touristen besucht. Mancher ehemalige Bergmann fährt dort gern wieder einmal mit ein und läßt sich an die aufregende Zeit erinnern.

Von allen begangenen Schächten, durchgeführten Bohrungen und von besonderen Funden hatte ich mir kleine Exemplare Mineralien und Erze für eine Sammlung aufbewahrt, geordnet und numeriert. Und wenn ich einmal Muße habe, betrachte ich meine Steine und denke an so manche Begebenheit zurück. Da sind leuchtende Quarzkristalle, violette Amethyste, kristalliner Schwefelkies aus der Gegend um Marienberg, Zinkblende und Arsenkies aus den Freiberger Revieren, Zinnerz von Ehrenfriedersdorf, Buntsandstein aus dem Thüringer Wald und manches Kleinod aus dem Schoß der Erde. Jeder Stein und jedes Stück Erz könnte eine Geschichte erzählen von Freud und Leid der Arbeit des Bergmannes, auch von denen, die Opfer der Strahlung und des Steinstaubes wurden und nicht mehr unter den Lebenden sind. Jeder Stein hat seine Besonderheit. Er verdient eine gewisse Beachtung.
Bereits die Zusammensetzung eines Steines oder Erzes ist nicht uninteressant. Für Geübte spricht aus jedem Exemplar eine chemische Formel, eine physikalische Gestalt, ein Stück Erdgeschichte. Wenn man mit offenen Augen und Sinnen die Gebirgsgegend betrachtet, kann vieles entdeckt werden. Seien es die vulkanischen Basaltsäulen an den Tafelbergen Pöhlberg, Scheibenberg und Hirtstein oder schon allein der Schutt einer Abraumhalde, ob in Freiberg oder an einem der ehemaligen „Wismut“-Schächte bergen so mancherlei Kostbarkeiten an Mineralien oder Erzen in sich. Und wer das damalige Bergbaugeschehen hautnah kennenlernen möchte, sollte nicht versäumen, ein oder mehrere Schaubergwerke zu besuchen oder das Bergbaumuseum und die Mineraliensammlung in Freiberg, der ehrwürdigen alten Bergstadt.
Sicher, der Bergmann sieht und empfindet all das mit anderen Augen und

Gedanken. Aber auch der interessierte Laie kann so manches dazulernen, wenn er durch das Erzgebirge wandert.
Seit langer Zeit hat sich im Erzgebirge die Tradition eingelebt, die Bergbaulandschaften zu Hause in der Stube als Miniaturgebilde nachzugestalten. Bereits im vorigen Jahrhundert kam es zum Zusammenschluß von Schnitz- und Bastelvereinen, die sich mit großer Hingabe diesem Brauchtum widmeten. Deren Fortbestand kann man besonders in den Wintermonaten bei den Familien der Erzgebirger beobachten, wenn dort die Weihnachtsberge und Landschaften aufgebaut werden. Da sieht man eine Gebirgslandschaft mit Bergwerk, Bergleuten und allerlei Gewerken. Oft mechanisch belebt und beleuchtet, so daß es Freude macht, diese Wunderwerke zu betrachten. Und alles erinnert an die hohe Zeit der Schächte, Stollen und Gruben, an den Fleiß der Bewohner des Erzgebirges, an den Reichtum, den die Berge vielerorts von sich gaben.
Wer hätte jemals geglaubt, daß hier im sächsischen Erzgebirge einmal das größte Uranvorkommen Europas sein würde und daß es zu solch einem Abbau gekommen ist. Sicher sind nicht alle Gruben restlos erschöpft worden, denn der Abbau war auch vielerorts ein Raubbau. Doch die Rentabilität spielte ebenfalls eine große Rolle.
Heute spricht man nur noch von Altlasten und vom Sanierungsbedarf. Manche Abraumhalde strahlt noch radioaktiv, wenn auch nur wenig, und mancherorts weist man das Radon nach, ein radioaktives Edelgas als Zerfallsprodukt des Uranerzes.
Bleibt zu hoffen, daß auch öfters der vielen Bergleute gedacht wird, die brav ihre Pflicht erfüllten in harter, schwerer Arbeit.

Wenn die Schicht beginnt
draußen vor dem Schacht,
fährt der Bergmann ein,
in die dunkle Nacht.
Tief im Berg schlägt er das Erz
aus dem Felsgestein.
Nur sein Blendenlicht gibt ihm
dort einen hellen Schein.
Und ganz vorn vor Ort dröhnen
Bohrmaschinen, Staub und
Lärm erfüllt die Luft.
Hunte rolln auf Schienen.
Stund um Stunde voller Fleiß
tut er seine Pflicht.
Welch Gefahr ihn stets umgibt
danach fragt er nicht.
Ist die lange Schicht vorbei, drängt es ihn
hinauf voll Sehnsucht nach der Sonne
Schein, nach Licht und nach Geborgenheit
dem gilt sein Gruß:
Glück auf!

Werner Opitz

„Neuer Anbruch“, der Brunnen mit dem Bergmann wurde 1935 zum Gedenken des Bergmannes als Symbol der Stadt Schneeberg gebaut.

Schaubergwerke und Technische Denkmale des Bergbaus im Erzgebirge

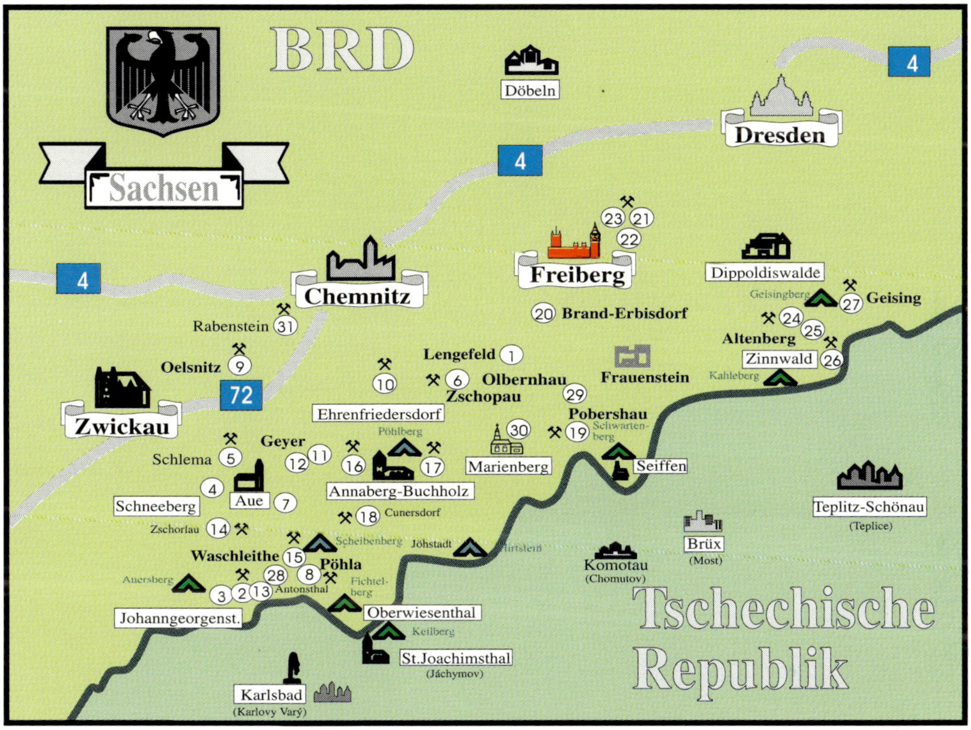

1 *Kalkwerk* - Lengefeld
2 *Glöckl* - Johanngeorgenstadt
3 *Pferdegöpel* - Johanngeorgenstadt
4 *Mus. d.Bergm.Volksk.* - Schneeberg
5 *Schacht 371* - Schlema/Hartenstein
7 *Bergbaumuseum* - Aue
8 *Besucherbergwerk* - Pöhla
9 *Bergbaumuseum* - Oelsnitz
10 *Zinngrube* - Ehrenfriedersdorf
11 *Binge* - Geyer
12 *Museum im Heimatturm* - Geyer
13 *Stolln,Gott gib Glück.* - Breitenbrunn
14 *Silberbergwerk* - Zschorlau
15 *Lehr-u. Schaubergwerk* - Waschleithe
16 *Markus Röhling Stolln* - Frohnau
17 *Museum u. BW* - Annaberg-Buchholz
18 *Dorothea Stolln* - Cunersdorf
19 *Tiefer Molchner Stolln* - Pobershau
20 *Bartholomäusschacht* - Brand-Erbisdorf
21 *Reiche Zeche* - Freiberg
22 *Alte Elisabeth* - Freiberg
23 *Abraham Schacht* - Freiberg
24 *Pinge* - Altenberg
25 *Neubesch. - Glück Stolln* - Altenberg
26 *Vereinigt Zwitterfeld* - Zinnwald
27 *Silberstollen* - Geising
28 *Silberwäsche* - Antonsthal
29 *Museumskomplex* - Olbernhau
30 *Museum* - Marienberg
31 *Felsendome* - Rabenstein
32 *BW „Heilige Dreifaltigkeit“*- Zschopau

Lengefeld

Das Technische Denkmal „Kalkwerk“ Lengefeld ist das älteste im Erzgebirge und das einzigartigste, besterhaltendste in Mitteleuropa. Es gibt Auskunft über die Technik der alten Bindemittelindustrie, die Geologie der Lagerstätte, die Technik des Kalksteinabbaus und der Kalkförderung über- und untertage.

Die Anlage veranschaulicht und belegt dem technisch interessierten Besucher die Produktionsgeschichte im Laufe von mehr als 4 Jahrhunderten. Die Besucher können mit einer Führung entlang des neu angelegten Naturlehrpfades bis zur Bruchsohle des ehemaligen Tagebruchs gelangen, wo im Juni/Juli ca. 5 000 Orchideen auf einer Flächengröße blühen, die einmalig für den Freistaat Sachsen ist.

Das Museum zeigt eine Ausstellung über Produktionsgeschichte, Heimatgeschichte, Flora und Fauna Lengefelds und Umgebung sowie eine Dokumentation zu den 1945 in den Stollen des Kalkwerkes eingelagerten Gemälden der Kunstsammlung Dresden.

Text: Techn. Museum Kalkwerk

Orchideenwiese auf der Bruchsohle des Kalkwerkes. Hier blühen in den Monaten Juni/Juli etwa 5 000 dieser schönen Orchideenblüten auf einer Flächengröße, die einmalig für den Freistaat Sachsen ist.

Bergbrüder der Knappschaft des Kalkwerkes in dem Stollen, in welchem 1945 Gemälde aus der Kunstsammlung Dresden eingelagert wurden, vor bizarren Gebilden aus Eis.

Johanngeorgenstadt

Das Lehr- und Schaubergwerk Frisch Glück „GLÖCKL“ Johanngeorgenstadt

Wenn das „Glöckl“ klingt, dann ist es Zeit für eine Befahrung dieses historischen Erzbergwerkes. Hier werden 300 Jahre Bergbau lebendig, und der Besucher bekommt einen einzigartigen Blick in die schwere und kräftezehrende, aber auch faszinierende Arbeitswelt des Bergmannes. Johanngeorgenstadt wurde 1654 durch böhmische Exulanten gegründet und nahm nach den ersten Silberfunden um 1660 einen gewaltigen Aufschwung. Neben dem intensiven Silberbergbau gewannen auch Kobalt-, Eisen- und Zinnerze für die Bergstadt auf dem Kamm des Erzgebirges Bedeutung. Besonders im 19. und 20. Jahrhundert förderte man die relativ seltenen Wismuterze zutage. Zahlreiche Reste technischer Anlagen sowie Arbeitsgeräte zeugen von der handwerklichen Meisterschaft der Bergleute dieser Zeit.
Seit 1789 ist Johanngeorgenstadt besonders mit einem Metall verbunden, welches wie kein anderes die Geschichte der Menschheit beeinflussen

sollte. In diesem Jahr entdeckte der Chemiker Martin Heinrich Klaproth in der sog. Pechblende einer Johanngeorgenstädter Grube das Uran. Bereits ab 1819 förderte man das inzwischen begehrte Erz. In Johanngeorgenstädter Pechblende wies das Ehepaar Curie 1898 erstmals die Metalle Polonium und Radium nach. Nach der Entdeckung der Urankernspaltung 1938 diente auch Johanngeorgenstädter Uran Versuchen zur Atombombe. 1945/46 beschlagnahmte die sowjetische Besatzungsmacht die Bergwerke und begann mit dem Abbau der Uranerze für ihre Atomprojekte. In der Grube Frisch Glück, dem heutigen Lehr- und Schaubergwerk „Glöckl", wurde ein gigantisches Bergbauunternehmen begründet, die spätere SAG/SDAG Wismut. Viele tausend Menschen waren bis zur Schließung der Johanngeorgenstädter Gruben im Jahre 1958 mit der Gewinnung von Uran für die Sowjetunion beschäftigt.
Das Spezialgebiet des Bergwerkes ist der Uranbergbau sowie damit verbunden Probleme der Radioaktivität und des Strahlenschutzes.
Es finden wissenschaftliche Sonderführungen und praktischer Unterricht für Schulen statt. Zum Bergwerk gehört ein Informationsdienst zu allen Fragen von Strahlung und Umwelt im Erzgebirge.

Text: Jürgen Geißler

Pferdegöpel in Johanngeorgenstadt. Er wurde 1993 originalgetreu, nach dem alten Pferdegöpel aus dem Jahre 1721, wiederaufgebaut.

Pferdegöpel - Johanngeorgenstadt

In Johanngeorgenstadt gab es insgesamt drei Pferdegöpel. Der erste Göpel entstand 1721 auf dem Tagschacht von „Hohneujahr und Unverhofft Glück“ und brannte 1788 ab. Ein weiterer wurde zwischen 1806 und 1829 durch die Eisenerzgrube „Henneberg Tiefer Erbstolln“ genutzt. Der bekannte Johanngeorgenstädter Pferdegöpel wurde 1797/98 nach Plänen des Kunstmeisters Carl Gottfried Baldauf auf dem Tagschacht der „Neu Leipziger Glück Fundgrube“ errichtet. Das Göpelgebäude hatte eine Länge von 27,5 m - die Göpelpyramide war bei 21 m Durchmesser 13,5 m hoch. Mit zwei Pferden konnten in einer Schicht 32 Fördertonnen aus 140 m Tiefe gezogen werden.

Nachdem der Göpel seine Bedeutung als bergbauliche Fördermaschine verloren hatte, wurde er 1921 durch den Landesverein Sächsischer Heimatschutz restauriert und konnte besichtigt werden. Als ergrauter Zeuge des erzgebirgischen Bergbaus genoß er Beachtung, weit über Sachsen hinaus.

1946 begann der Uranbergbau durch die SAG Wismut. Obwohl der „Neu Leipziger Glück Tagschacht“ wegen seiner Größe und Tonnlage für eine moderne Förderung völlig ungeeignet war, riß man den Göpel 1947/48 in zwei Etappen ab.

Obwohl Johanngeorgenstadt während der „Wismut-Zeit“ (1946 -58) durch den Abriß eines Großteils der Altstadt und durch die teilweise Zwangsaussiedlung der Bevölkerung noch schwerere Einbußen hatte, geriet der Pferdegöpel nicht in Vergessenheit. Über Jahre hinweg gab es Bemühungen, dieses einzigartiges Denkmal wieder aufzubauen. Aus diesem Grund wurde bereits 1979 der alte Schacht von „Hohneujahr und Unverhofft Glück“ mit einer wertvollen Trockenmauerung aus dem Jahre 1749 so verwahrt, daß darauf später ein Pferdegöpel errichtet werden konnte.

Erst nach der Wende wurde ein Wiederaufbau möglich, indem der Freistaat Sachsen Fördermittel zur Verfügung stellte. Am 17. Juni 1992 fand die feierliche Grundsteinlegung statt. Der Bau wurde fast ausschließlich von Johanngeorgenstädter Firmen realisiert, wobei manch alte Handwerkstechnik wieder zu Ehren kam. Bereits nach 6 Wochen war das Holzgerüst der Göpelpyramide und des Treibhauses aufgestellt, so daß am 31. 8. 1992 Richtfest gefeiert werden konnte. Gleichzeitig entstand als Nebengebäude mit Ausstellungsraum ein Nachbau des ehemaligen Huthauses des „Eleonora Stollns“, welches ebenfalls dem Bergbau der SAG Wismut zum Opfer gefallen war. Während des Sommers 1993 erfolgte die Sanierung des Schachtes, der Einbau der Göpelspindel und der beiden Seilscheiben.

Text: Frank Teller

Schneeberg

Museum für bergmännische Volkskunst

Das Museum für bergmännische Volkskunst, 1929 als Heimatmuseum gegründet, ging aus dem 1898 gebildeten Bergverein und dem 1922 entstandenen Altertumsverein hervor. Eine betriebsame Sammlungs- und Ausstellungstätigkeit mit zielgerichteter Thematik führte zur Herausbildung des Sammlungsprofils der Schnitzkunst des Westerzgebirges. Hauptaufgabe auf musealem Gebiet war nicht nur der Erwerb und die Präsentation von Ausstellungsstücken, sondern die Beziehung der Exponate und ihrer historischen Vergangenheit in Verbindung mit der Gegenwart zu dokumentieren. Dabei nahm der Bergbau eine dominierende Stellung ein. Aus schriftlichen Überlieferungen geht hervor, daß sich die Bergleute bereits seit dem 16. Jahrhundert mit dem Schnitzen beschäftigen. In den vorgestellten Schnitzwerken, Bergwerksmodellen, Pyramiden, Heimat- und Weihnachtsbergen, wovon das Museum die geschlossenste Sammlung im sächsischen Raum besitzt, wird dem Besucher die Volkskunst des Erzgebirges in ihrer Vielfalt lebendig.

Text: Koksch, Museumsdirektor (gekürzt)

Aue

Museum der Stadt Aue

Im Jahre 1660 erhielt der kursächsische Oberförster und Leibjäger Georg Friedrich Rachals das kurfürstliche Privileg, Bier zu brauen und in Aue Schankwirtschaft zu betreiben. Zum Zwecke der Bierlagerung ließ er 1661 am Heidelsberg einen großprofiligen Stollen anlegen. Beim Vortrieb wurde ein Erzgang mit starker Zinnführung erschlossen. Daraufhin begann am Heidelsberg eine rege Bergbautätigkeit. In den Anfangsjahren des Zinnabbaues wurde an der Stelle des jetzigen Museumsgebäudes ein Huthaus errichtet. Bedingt durch den Niedergang des Zinnbergbaues um 1810, kam es zu einem teilweisen Abriß und nachfolgendem Umbau des alten Berggebäudes. In der Folgezeit wurde das Haus zu Wohnzwecken genutzt. Anläßlich der Vorbereitung zur 800-Jahr-Feier von Aue, 1973, erfolgte die Rekonstruktion des Gebäudes mit anschließendem Ausbau zum Museum. Baupläne erzgebirgischer Huthäuser dienten dabei als Grundlage. Noch im gleichen Jahr fand die Eröffnung statt. Außerdem erhielt das rekonstruierte Gebäude einen Architekturpreis verliehen. Ein wertvoller Sachzeuge lokaler Bergbautradition wurde somit der Nachwelt erhalten.Ursprünglich

als Museum des lokalen Bergbaues konzipiert, erhielt die Einrichtung 1990 schrittweise ein neues Profil. Die Tradition des in den sechziger Jahren aufgelösten Kreisheimatmuseums Aue wurde wieder aufgenommen und zeitgemäß weiterentwickelt. Die einstige „Traditionsstätte Erzbergbau“ wandelte sich zum „Museum der Stadt Aue“.
Die ständige Ausstellung des Museums umfaßt zwei Abteilungen, „Das Auer Tal von der Steinzeit bis zur Industrialisierung“ und „Vom Bergbau des Mittelalters bis zur SDAG Wismut“.
Die Ausstellungsbereiche sind in fünf Räumen auf einer Fläche von 152 m² und in einem sehenswerten Schaustollen untergebracht. Beeindruckend ist dabei auch die Innenarchitektur des Knappschaftssaales.
Die wesentlichsten Abschnitte der historischen Entwicklung im Auer Tal -beginnend in vorgeschichtlicher Zeit, sich fortsetzend über das Mittelalter und das spätere städtische Werden- werden im ersten Raum des Obergeschosses präsentiert. Prähistorische Werkzeuge, mittelalterliche Bodenfunde aus der Besiedlungszeit des Erzgebirges, alte Handschriften, sakrale Gegenstände und Gebäudemodelle, Sachzeugen des frühen städtischen Handwerks und historische Belege der industriellen Entwicklung bekunden den langen Weg von der 1173 erfolgten Klostergründung bis zur bedeutendsten Industriestadt des Westerzgebirges zu Beginn unseres Jahrhunderts. Besonders wertvolle Exponate sind u. a. die neolithische „Steinaxt von Aue“ als erster steinzeitlicher Fund im Erzgebirge, eine mittelalterliche Notenhandschrift aus dem Klösterlein Zelle, eine hölzerne Zunftlade der Bäcker und Müller und eine barocke geschnitzte Christusfigur aus der 1896 abgerissenen Auer Stadtkirche. Eine Urkunde von 1677, aus dem Blaufarbenwerk Niederpfannenstiel stammend, stellt ebenfalls eine große Kostbarkeit dar. Im angrenzenden Raum sind Zinnfigurendioramen zu sehen, die Ereignisse aus der Stadtgeschichte anschaulich darstellen. Daneben geben Handfeuerwaffen Einblick in die Bewaffnung früherer Zeit. Hand- und Fußfesseln, Daumenschrauben und anderes zeugen von der Gerichtsbarkeit vergangener Jahrhunderte. In einem Teil des Raumes werden stets kleine Sonderausstellungen gezeigt. Zeugnisse der Bergbaugeschichte von Aue und Umgebung vermitteln im Knappschaftssaal dem Betrachter einen Eindruck von der Arbeit und Lebensweise des Bergmannes der Vergangenheit. Bergbau des ausgehenden Mittelalters, der Zinnabbau des 17. bis 19. Jahrhunderts am Heidelsberg und der beginnende Uranbergbau der „Wismut“ werden aufgezeigt. Es sind Bergmannstrachten, altes Gezähe, Grubengeleucht verschiedener Jahrhunderte und Bergchroniken zu sehen. Belegt wird auch dcr im 18. und 19. Jahrhundert betriebene Abbau von Kaolin. Mit dieser

„Weißen Erde“ aus Aue stellte J.F. Böttger das erste weiße Porzellan in Europa her. Rund 150 Jahre war die Weißerdenzeche St. Andreas zu Aue Lieferant der Porzellanmanufaktur Meißen. Eine schöne Sammlung von Zinngegenständen und Meißner Porzellan zeigen, was aus den Hauptabbauprodukten des Auer Altbergbaues einst hergestellt wurde. Im Knappschaftssaal werden regelmäßig Veranstaltungen, wie Vorträge, Konzerte und Heimatabende, durchgeführt. Im angrenzendem Raum, der einstigen Betstube, ist eine Sammlung heimischer Mineralien ausgestellt. Ein kleiner Stollen zeigt Ausbau und Größenordnung der früheren Zinnstollen am Heidelsberg. Arbeitsmittel der Geologen und Porträts verdienstvoller Montanwissenschaftler sind ebenfalls zu sehen. Im Schaustollen erhält der Besucher einen Einblick in die Arbeit des Bergmannes. Verschiedene Ausbauarten, Abbauprozesse im Modell und im Original sowie Bergbautechnik sind zu sehen. Streckenvortrieb, die verkürzte Nachbildung einer Förderstrecke und anderes mehr können besichtigt werden.
Gegenwärtig erfolgt am Heidelsberg das Anlegen eines Bergbaulehrpfades einschließlich eines kleinen Besucherbergwerkes.

Text: Ralf Petermann

Bläsergruppe des Erzgebirgsensembles Aue

Pöhla

Besucherbergwerk „Pöhlaer Stolln“

Die Einmaligkeit dieser Lagerstätte liegt in den größten Zinnerzvorkommen Osteuropas und dem einstigen Abbau von Uran. Die vielschichtigen geologischen und mineralogischen Strukturen machen dieses Besucherbergwerk zu einer besonderen Attraktion des neuzeitlichen Bergbaues.
In der Lagerstätte Hämmerlein wurden in einem Skarnfeld umfangreiche Zinnerzvorkommen angetroffen. Eindrucksvoll wirken die über 12 Meter hohen und mehr als 45 Meter langen Zinnkammern, die durch die Anwendung bestimmter Verfahren und Technologien aufgefahren wurden und überdimensional auf den Besucher wirken. Die Anwendung gleisloser Technik zur Ausführung der Rampentechnologie oder die Auffahrung vertikaler Grubenbaue mit Hilfe von eingebauten Fahrkörben waren Vorreiter des Zinnabbaues.
Besondere Attraktionen sind untertägige Konzert- und Gesangsvorstellungen, die durch die phantastische Akustik in diesen Kammern zu einem faszinierenden Erlebnis werden.

Text: Besucherbergwerk

Oelsnitz

Das Bergbaumuseum Oelsnitz ist eines der größten Bergbaumuseen Deutschlands. Es vermittelt dem Besucher einen umfassenden Einblick in die technische sowie ökonomische Entwicklung des Steinkohlebergbaus und zeigt das ursprüngliche Milieu über- und untertage. In den historischen Gebäuden wird die Erinnerung an den Steinkohlebergbau im Lugau-Oelsnitzer Revier wachgehalten, der die Menschen in dieser Gegend weit über ein Jahrhundert prägte.

Im Museum lernt man eine Vielzahl von Aus- und Abbauarten kennen, die mit Unterstützung vorführbarer Abbau- und Fördermaschinen dic schwcrc Arbeit der Bergleute veranschaulichen.

Die großtechnischen Anlagen befinden sich noch heute am Originalplatz.

Text: Dipl.-Ing. G. Rötzsch

Hängebank mit Wagenumlauf.
Die großtechnischen Anlagen im Bergbaumuseum befinden sich noch heute am Originalplatz.

Ab1922 wurde der Kaiserin-Augusta-Schacht zur zentralen Anlage für Förderung, Aufbereitung und Versand ausgebaut.
Es begann eine umfassende Rekonstruktion und Modernisierung des Gruben- und Übertagebetriebes.Der Turm erhielt eine leistungsfähige Fördermaschine, er ist heute das weithin sichtbare Wahrzeichen des Bergbaumuseums.

Ehrenfriedersdorf

Zinngrube und Mineralogisches Museum

Seit dem 13. Jahrhundert wurden in und um Ehrenfriedersdorf Zinn- und Silbererze abgebaut. Blütezeiten und Zeiten des Niederganges wechselten im Verlaufe der Jahrhunderte einander ab. Bevor am 3. Oktober 1990 der letzte Hunt gefördert wurde, holten die Bergleute seit 1948 knapp 10 Millionen Tonnen Erz aus dem Berg. Was vom Bergbau bleibt, ist ein Besucherbergwerk.

Ausgerüstet mit Schutzhelm und Geleucht, bekleidet mit Overall und Gummistiefel, gelangt der Besucher über eine Seilfahrtsanlage bis in 100 Meter Tiefe. Strecken und Abbaue sind im ursprünglichen Zustand belassen.

Eine Vielzahl geologischer Aufschlüsse machen die Entstehung der Lagerstätte deutlich, die mit ihren über 150 nachgewiesenen Mineralen zu den vielfältigsten der Welt gehört.

Im Mineralogischen Museum wird der Reichtum an Gesteinen und Mineralien der Lagerstätte deutlich. Ausgestellt sind 80 verschiedene Mineralien auf ca.1000 Schaustufen sowie bergbautechnische Funktionsmodelle und Fundstücke aus dem mittelalterlichen Bergbau.

Der Verkauf von Kleinmineralien erfreut sich bei Sammlern großer Beliebtheit.

Text: M. Kreibich

Siderit-Fluorit-Quarz

Obersteiger der Bergbrüdergrabeschaft Ehrenfriedersdorf.

Geyer

Binge/Zinn

Zu den Sehenswürdigkeiten der Bergstadt Geyer gehört das geologische und bergbaukundliche Denkmal -die Binge.
Übermäßiger Abbau unter Außerachtlassung der notwendigen Sicherheit waren die Ursache für den Zusammenbruch des Zinnstockwerkes Geyersberg in den Jahren 1704 und 1803. Es entstand der gewaltige zerklüftete Krater von 200 bis 250 m Durchmesser und 50 bis 60 m Tiefe.
Die Binge ist das Wahrzeichen der Stadt und gibt anschaulichen Unterricht über geologische Gegebenheiten und frühere Abbaumethoden.
Die Berg- und Bingestadt Geyer zählt zu den ältesten Bergbausiedlungen des Obererzgebirges. Ihre Gründung fällt in die Blütezeit des hiesigen Silber- und Zinnbergbaues, in die Mitte des 14. Jahrhunderts. 1467 wurde Geyer als Stadt genannt. Mit dem Rückgang der Bergerträgnisse fanden die

Bergleute und Bewohner der Stadt durch die Posamentiererei und die Strumpfindustrie eine neue Existenz. Das Wirtschaftsleben in Geyer bestimmen heute außerdem zahlreiche Industrie- und Handwerksbetriebe der Textil-, Metall- und Holzwarenbranche.
Am 2. August 1952 wurde das Heimatmuseum in dem 42 m hohen städtischen Wachturm eröffnet. Dieses Turmmuseum ist eines der größten dieser Art in Deutschland. Auf seinen sieben Etagen kann man folgende Ausstellungen besichtigen: eine Mineraliensammlung, das Bingemodell, die Posamentenstube, Tiere des heimischen Waldes, den Glockenturm, eine Zinn- und Lotterstube und eine Heimatstube.

Text: Fremdenverkehrsgemeinschaft „Im Silbernen Erzgebirge"

Bergbrüder der Bergbrüderschaft Geyer, in ihrer Habit, zum traditionellen Turmblasen mit Bergparade am letzten Adventwochenende.

Breitenbrunn

Stolln „Gott gib Glück mit Freuden"

Der Stollen „Gott gib Glück mit Freuden" ist ein Besucherbergwerk besonderer Art. Der über 100 Meter lange Stollen wurde vom letzten „Eigenlöhner" des obererzgebirgischen Bergbaus betrieben. 13 Jahre lang arbeitete der Vertreter der Urform bergbaulicher Unternehmungen, Karl Friedrich Lobegott Schmidt, allein mit Schlägel und Eisen in seiner Grube. Hoffnung und Mühen des einsamen Bergmannes auf Anbrüchen und Ausbeute - an das „Glück mit Freuden"-erfüllten sich nie.
Die Bergknappschaft Breitenbrunn machte dieses Werk beharrlicher bergmännischer Arbeit nach fast einem Jahrhundert wieder befahrbar.

Text: Walter Schmidt

Der letzte Eigenlöhner des Erzgebirges, Karl Friedrich Lobegott Schmidt, 1820 - 1908.

Waschleithe

Schaubergwerk „Herkules-Frisch-Glück"

Es handelt sich um ein nach dem ersten Weltkrieg stillgelegtes Bergwerk, in dem Erz und Marmor abgebaut wurden.
1922 wurde diese Grube als Schaubergwerk eingerichtet, um zu demonstrieren, mit welcher Mühe und auch Geschicklichkeit der Bergmann der Erde ihre Schätze abrang und wie Abbau und Vortrieb heutzutage erfolgen.
In den Jahren 1965/66 rekonstruierten die Berglehrlinge der SDAG Wismut den Frischglücker Tagesschacht, und die Patenbrigade des Bergbaubetriebes Aue gestaltete den kleinen Marmorsaal um und stattete ihn mit prachtvollen Mineral- und Erzstufen aus, die in Verbindung mit anderen bergbaulichen Einrichtungen und Ausrüstungen es sich anzusehen lohnt und dem Besucher einen Einblick in die Arbeitswelt des Bergmannes bietet.

Text: R. Schnepp

Frohnau - Schönfeld

Besucherbergwerk „Markus-Röhling-Stolln“

Bereits wenige Jahre nach dem ersten Silberfund am Schreckenberg 1491 dehnte sich der Bergbau auf das spätere Grubenfeld der Grube Markus Röhling aus. Schon 1500 begann man für die Entwässerung der Gruben des Schrecken- und Schottenberges den Orgelstolln vorzutreiben.
Zwischen 1500 und 1505 folgte der 10 bis 15 Meter tiefere „St. Anna Stolln“, der heutige Markus-Röhling-Stolln. Mit einigen Unterbrechungen wurde dieser ständig weiter vorgetrieben und 1733 der Erstneuglück-Flache-Gang, der spätere Haupterzgang der Grube, entdeckt.
Bis zur Einstellung des Grubenbetriebes im Jahre 1857 wurden etwa 15,4 Tonnen Silber und 51 326 Zentner Kobalterz gefördert. Damit war die Grube eine der ertragreichsten im Annaberger Bergbaurevier. Die geförderten Erze entsprachen einem Wert von 4 290 700 Mark. In den Jahren 1948 bis 1953 wurde die Grube Markus Röhling von der SAG Wismut aufgewältigt. Dazu wurde eine über 1000 Meter lange Richtstrecke aufgefahren und ein Schacht abgeteuft. Auf allen angetroffenen Erzgängen wurden Erkundungsarbeiten auf Uranerz durchgeführt, jedoch wegen Mangel an abbauwürdigen Erzen 1953 endgültig eingestellt.
Seit 1990 entstand im Verein Altbergbau Markus-Röhling-Stolln der Gedanke, einen Teil des umfangreichen Grubenreviers für die Öffentlichkeit zugänglich zu machen, und im Juli 1994 konnte das Besucherbergwerk eröffnet werden.
Nach etwa 600 Meter Fahrt mit der Grubenbahn kann der Besucher eindrucksvolle Zeugnisse aus der Zeit des Silber- und Kobaltbergbaus von 1733 bis 1857 und des Uranbergbaus der SAG Wismut besichtigen.
Die Hauptattraktion ist sicherlich das 9 Meter hohe Kunstrad, welches von den Mitgliedern des Vereins Altbergbau originalgetreu und voll funktionsfähig nachgebaut wurde.

Text: Besucherbergwerk

Gemeißelte Inschrift aus dem Jahre 1796 im Silberstollen „Markus - Röhling“.

Annaberg-Buchholz

Besucherbergwerk „Im Gößner“

In unmittelbarer Nähe der berühmten St. Annenkirche, auf dem Hof des Erzgebirgsmuseums, befindet sich das Besucherbergwerk. Wohl in keiner anderen Stadt Deutschlands, wenn nicht gar in Europa, gibt es eine derartige Konstellation, wo die Förderung des Silbers und dessen Wirkung auf spätmittelalterliche Stadtentwicklung, Architektur und Kunst so nahe beieinander erlebbar sind. Das Ensemble von historischer Innenstadt, St. Annenkirche, Erzgebirgsmuseum und neuem Besucherbergwerk ist einmalig und unübertroffen.

Durch einen glücklichen Zufall, eine Probebohrung, stieß man im Museumshof auf einen Stollen aus der Frühzeit des Annaberger Silberbergbaues. Eine faszinierende Welt untertage bot sich den ersten Betrachtern. Fachleute gehen davon aus, daß die Bergstadt von einem Labyrinth „unterkellert“ ist. So verzweigt sich der aufgefundene Stollen nach mehreren Seiten, u. a. auch bis zum Turm der St. Annenkirche. Ohne fremde Einflüsse bietet sich dem Besucher originaler Silberbergbau des 15. und 16. Jahrhunderts.

Ende 1993 entschlossen sich das Landratsamt und die Stadtverwaltung, die entdeckte Anlage zu einem Besucherbergwerk auszubauen. Dank der Vergabe von Fördermitteln durch Landes- und Bundesbehörden wurde ein umfangreicher Ausbau dieser touristischen Attraktion möglich.

Im Stadtgebiet gab es bisher kein zugängliches bergbauliches Sachzeugnis, das der Bedeutung von Annaberg als Silberstadt des Bergbaus gerecht wurde. Mit der Eröffnung des Besucherbergwerkes wird reiner Silberbergbau der Blütezeit, ohne jeglich Einflüsse der späteren SDAG Wismut, aus der Zeit von 1497 bis 1510 in einmaliger Art und Weise dargestellt.

Dieser für die gesamte Region bedeutende Tourismusmagnet wurde besucherfreundlich und nach denkmalpflegerischen Gesichtspunkten fachgerecht ausgebaut.

Interessante Details, wie die Spuren der schweren Arbeit mit Schlägel und Eisen, Standorte von Förderanlagen und der rund 120 m tiefe Kunstschacht bereichern die historische Anlage. Es ist genau erkennbar, wie der Bergmann das Erz förderte. Der alte Kunstschacht (Gößner-Zeche) besaß eine große Bedeutung und stellte in der Blütezeit des Annaberger Silberbergbaus einen zentralen Grubenbau dar. Er erreichte die Geländeoberfläche auf dem Eisenstuckplatz und reicht bis unter das Niveau des Silbermühlenstollens. Der Kunstschacht ist als attraktives bergmännisches Schauobjekt in den Rundgang eingebunden. Eindrucksvoll ist die Form der

Modell eines Bergmannes aus der Silberzeit in Annaberg-Buchholz.

alten Stollen zu sehen, durch die der Tourist während des Rundganges gelangt. Nischen für das Geleucht, Schlegelspuren und sehr gut erhaltene Reste eines für die Zeit um 1500 hochentwickelten Entwässerungssystems zeigen dem Gast, daß er sich in einem ca. 500 Jahre alten unberührten Silberbergwerk befindet.
Im Bereich der zu besichtigenden Streckenteile befinden sich der „Frischglücker Flache“ oder „Reiche St. Barbara Flache“, ein unbenannter Spatgang und der „Silbermühlen Flache“, der wohl bedeutendste Erzgang im Stadtkern. Er durchschneidet das gesamte Annaberger Altstadtgebiet in einer Länge von 840 m.
Der Einstieg erfolgt über einen 13,5 m tiefen Schacht, der eindrucksvoll in Trockenmauerwerk hergestellt wurde. Höhenunterschiede von 24 m durch verschiedene Schächte ermöglichen leicht begehbare Stahltreppen. Die museale Gestaltung, Beleuchtung, Beschilderung, Kleiderpuppen, Beschriftung u.a. schaffen eine bergmännische Untertagewelt des fast 500 Jahre alten Silberbergbaus, eine Welt, die der berühmte spätgotische Maler Hans Hesse etwa zeitgleich auf dem Bergaltar in der St. Annenkirche darstellte. Stilgerecht erhielt der Schachteingang eine Überbauung in Form einer Kaue.
Es werden regelmäßig Mettenschichten, kleine Konzerte mit Bergmusik und handwerkliche Schautage durchgeführt.

Erzgebirgsmuseum

Am 12. Juni 1887 öffnete das Annaberger „Museum erzgebirgischer Alterthümer“ das erste Mal die Pforten für seine Besucher. Zwei große Ausstellungen, 1883 und 1885, waren diesem Ereignis vorausgegangen. 180 Exponate gelangten damals zur Präsentation. Das Museum war eine Gründung fortschrittlicher Annaberger Bürger, die damit bestehende kulturelle Werte bewahren wollten und darüber hinaus ihren neu erworbenen Bildungsanspruch manifestierten. Die erste Ausstellung des Museums im Jahre 1887 befand sich im Obergeschoß des Annaberger Rathauses. Große Bestandserweiterungen machten jedoch Ende 1891 den Umzug in Räume seines heutigen Domizils notwendig.
Im Jahre 1905 erfolgte im Zusammengehen mit dem Erzgebirgsverein die Umbenennung des bisherigen „Alterthums-Museums“ in „Erzgebirgsmuseum“. Zu diesem Zeitpunkt verzeichneten die Inventare bereits 4 000 Ausstellungsstücke. Neue räumliche Möglichkeiten wurden erschlossen. Bedeutung erlangte hier das „Kirchenzimmer“, in dem die kleine, in ihrem Bestand aber herausragende Sammlung sakraler Kunstwerke der Spätgotik untergebracht war. Fast alle Räume im Erdgeschoß besitzen spätgotische

Das Bild aus der Werkstatt Lucas Cranachs des Jüngeren ist eine Kostbarkeit des Erzgebirgsmuseums Annaberg.
Das Stifterepitaph zeigt Johann Schwartz und dessen drei Ehefrauen v.r.n.l. Katharina geb. Weinbeer, Agnes Kottwig und Margarethe Röhling mit dem Gekreuzigten.
Dem Stifter und dessen Frauen sind Wappen zugeordnet, die ihre jeweilige Abstammung erklären. Ein Wolkenband trennt den himmlischen und den irdischen Bereich.
Johann Schwartz war von 1555 bis 1582 mehrmals Bürgermeister in Annaberg und lebte im Gebäude des heutigen Erzgebirgsmuseums. Das Entstehungsjahr des Bildes ist 1572.

Kreuzgratgewölbe. Den Charakter der Eingangshalle, der später durch den Einbau einer steinernen Treppe eine Veränderung erfuhr, prägt in wesentlichen Teilen die gedrungene und mit antikisierenden Frauengestalten geschmückte Säule.
Die Exposition beinhaltet Schwerpunkte aus der Geschichte von Annaberg und Buchholz und seiner unmittelbaren Umgebung. Dazu zählen der Bergbau vom 16. bis zum 19. Jahrhundert, belegt durch eine Vielzahl von Werkzeugen und Gegenständen aus dem Leben der Bergleute. Breiten Raum nimmt auch die Münzprägung in Annaberg im 16. Jahrhundert ein. Daneben stehen herausragende sakrale Plastiken und Gemälde aus vorreformatorischer Zeit, Erstdrucke von Lutherschriften, Ablaßbriefe u. a. m. Weiterhin erhalten Zeugnisse des städtischen Handwerks aus Annaberg und Umgebung ihre Präsentation. Weitere Ausstellungsabschnitte des Museums informieren über das Zinngießerhandwerk, die Anfänge des Posamentiergewerbes und die Volkskunst. Besondere Wertschätzung erfährt das Spitzenklöppeln.
Die Entwicklung der Städte Annaberg und Buchholz im 19. Jahrhundert, die Entstehung von Fabriken und die Entfaltung bürgerlicher Kultur und Lebensweise setzen weitere Akzente. Das Bild der ständigen Ausstellung runden Gegenstände zur bäuerlichen Volkskultur ab. Daneben werden interessante Einblicke in die Geologie und Mineralogie des Erzgebirges gewährt.

Text: Jörg Nicklaus

Cunersdorf

Dorothea Stolln/ Himmlisch Heer

Ursprünglich waren es ein Vielzahl von kleinen Bergwerken, die auf dem Himmlisch Heer Stehenden (Erzgang) bauten. Der Dorothea Stolln war ein eigenständiges Bergwerk und wurde zu Beginn der 30er Jahre des 16. Jahrhunderts am östlichen Ufer der Sehma südlich von Annaberg (bei Cunersdorf) in südöstlicher Richtung in den Berg getrieben. Der Gang selbst brachte reichliche Silberausbeute. Untertägig waren inzwischen die einzelnen Stollen und Schächte miteinander verbunden, so daß man nunmehr vom Grubenrevier Himmlisch Heer sprechen kann. Allein 1536/37 soll es einen Erzfall auf dem Himmlisch Heer Stehenden gegeben haben, wo 9 Tonnen Reinsilber (Bezugsgröße) abgebaut werden konnten. Ursprünglich wurde allein Silbererz abgebaut, später kamen Kobalt- und Nickelerze sowie Uranpechblende hinzu. Uranerze konnten durch die Wismut nach 1945 besonders auf dem Unbenannten Flachen (nach mündlichen Aussagen von Bergleuten, die dabeigewesen sind, soll es teilweise wie im Wespennest zugegangen sein, wenn die Russen wieder Urannester vorfanden) und auf tieferen Sohlen des Himmlisch Heer Stehenden abgebaut werden.

Noch heute kann man im Schacht Rollen und Abbaue aus der Wismutzeit ansehen. Stollensysteme aus der 400jährigen Geschichte des Bergbaues, alte Silberabbaue, wassertechnische Anlagen, Mineralgänge (Baryt und Fluorit) und das Befahren eines Ganges aus der Silberzeit gehören heute zu den Sehenswürdigkeiten des Dorothea Stollns/Himmlisch Heer.

Text: Besucherbergwerk

Pobershau

Schaubergwerk „Zum Tiefen Molchner Stolln“

Das Bergwerk „Zum Tiefen Molchner Stolln“ Pobershau hat eine mehr als 500jährige Geschichte. Der Mönchsberg auf seiner Flur ist 1484 als ein besonders ergiebiges Erzabbaugebiet des mittleren Erzgebirges erstmals erwähnt. 1532 waren im Ort 40 Zechen namentlich erfaßt. Nur sieben Jahre später existierten bereits 366 Zechen. In Pobershau entstand im 16. Jahrhundert ein ganzes Netz von Erzgängen. Silber, Zinn und Kupfer waren die Ausbeute. Um das Wasser aus einem der ertragreichsten Gänge entfernen zu können, trieb man 1525 den Tiefen Molchner Erbstolln in den Berg. Dieser lädt heute zu einem Entdeckungsgang durch die Schaubergwerksanlage ein. Unter welchen schweren Bedingungen die Bergleute den einstigen Reichtum zutage brachten, das kann man bei der Führung durch den Molchner Stollen erleben. Firstumbauten, Förderschächte, Stollengalerien, Spuren von Schlägel und Eisenarbeiten oder Rußpartien vom Feuer dokumentieren die Arbeit der Bergknappen, Bergzimmerer, Bergmäurer sowie der Bergvermesser.

Text: Anett Weichelt

Huthaus des Besucherbergwerkes „Zum tiefen Molchner Stolln“

Brand-Erbisdorf

Bartholomäusschacht

In der Bergbauschauanlage Bartholomäusschacht kann man originale, über 200 Jahre alte Schachtmauerungen besichtigen. Nach überlieferten Plänen wurde eine Schwungradhaspel nebst Bruchsteinkaue rekonstruiert. Die Grube „Bartholomäus“ war im 16. Jahrhundert eine bedeutende Brander Silbergrube. Aus den gelieferten Erzen wurden rund 1,6 t Silber ausgeschmolzen. Ab dem 18. Jahrhundert diente der Schacht zum Unterhalt des damals fast 50 km langen Thelersberger Stollns. Aus dieser Zeit stammte auch die rekonstruierte Maschine, die vom Kunstmeister Mende erdacht wurde. Betreut wird die Bergbauschauanlage vom Verein „Historischer Bergbau“ Brand-Erbisdorf e.V..

Text: Günther

Schwungrad der Haspelmaschine, die nach überlieferten Plänen rekonstruiert wurde.

Freiberg

Silberbergwerke der Himmelfahrt Fundgrube

Das Freiberger Erzrevier mit seinen über 1000 Erzgängen bildete die Grundlage für einen 800jährigen Bergbau auf Silbererze und Buntmetalle (Blei, Zink, Kupfer). An diese Zeit erinnern zahlreiche Halden, Stollenmundlöcher, bergmännische Wasseranlagen und Berggebäude.
Zwei Schachtanlagen, die seit dem 14. und 16. Jahrhundert bekannten Silberbergwerke Reiche Zeche und Alte Elisabeth, haben als Lehrbergwerk der TU Bergakademie Freiberg die Einstellung des Freiberger Bergbaus überlebt. Hier erfolgt heute einmalig in ganz Deutschland dic fachspezifische untertägige Ausbildung der Studenten.

Reiche Zeche (untertage)

Das Grubenfeld mit gesicherten Auffahrungen von 14 km Länge und bis in eine Tiefe von 230 m ist durch mehrere Befahrungsrouten erschlossen. Hier werden Führungen im historischen Bergbau des 14.-18. Jahrhunderts, aber auch des modernen Bergbaus durchgeführt.

Alte Elisabeth (übertage)

Historische Bergbauanlage aus der Mitte des vorigen Jahrhunderts, in einmaliger Erhaltung und der originalen Ausstattung dieser Zeit

- Schachtförderanlage für einen tonnlägigen Schacht
- Balancierdampfmaschine von 1848 (vorführbar)
- Schneidebank, Zimmermannswerkstatt, Betstube
- Bergschmiede und Gebläsehaus Abraham Schacht

Abraham Schacht

Im vorigen Jahrhundert Hauptschacht der für ihren Silberreichtum berühmten Himmelfahrt Fundgrube.
Sehenswerte Gebäude: Treibehaus, Bergschmiede, Schneidebank, Mannschaftshaus, Verwaltungsgebäude. Gezeigt wird eine Mineralsammlung mit Schaustufen aus dem Freiberger Bergbau.

Thurmhof Schacht

Mit dem Bau der Schachtanlage ab 1842 entstanden Aufbereitungsanlagen für die Zerkleinerung und weiteren Aufbereitung der Erze. Zum Antreiben der Maschinen nutzte man wasserbetriebene Räder. Ein Rad mit 9 m Durchmesser (Baujahr 1857) blieb erhalten und wird untertage (Zugang in Straßenkleidung) vorgeführt.

Text: Dr. Manfred Bayer

Betstube in der „ Alten Elisabeth“ in Freiberg. Hier versammelten sich einst die Bergleute vor jeder Einfahrt zur Andacht.

Altenberg

“Neubeschert-Glück-Stolln“

Der „Neubeschert-Glück-Stolln“ wurde von 1802 bis 1849 zur weiteren Erkundung der Lagerstätten am sog. „Neufang“ aufgefahren. Sein Mundloch befindet sich in unmittelbarer Nähe der historischen Altenberger Zinnwäsche, in der über Jahrhunderte zutage gefördertes Zinnerz aufbereitet wurde. In dem heute etwa 200 m langen Schaustollen, der waagerecht in den Berg hineinführt, erlebt der Besucher an original nachgestalteten Arbeitsorten die wichtigsten historischen Abbauverfahren des Altenberger Zinnerzabbaus, angefangen beim Feuersetzen über den Bruch- und Schubortbetrieb bis hin zum Teilsohlenbruchbau.

Historische Zinnwäsche

Die Altenberger Zinnwäsche, deren Ursprung auf das 16. Jahrhundert zurückgeht, stellt heute die letzte erhaltene Pochwäsche eines kunstvollen Systems von Aufbereitungsanlagen am Ortsrand von Altenberg dar.
Hier wurde das zutage geförderte Roherz zu feinem Schlamm zerkleinert

und anschließend der darin enthaltene wertvolle Zinnstein ausgewaschen. Die historische Technik kann den Besuchern in Funktion vorgeführt werden, wie zum Beispiel die gewaltige 40stemplige Pochwerksanlage, die wasserradgetriebenen Langstoßherde, das Heberad oder die Schnellstoßherde.

Pingenbesichtigung/Bergbaulehrpfad

Die Altenberger Pinge bildete sich im Jahre 1620 durch den Einbruch der ausgedehnten Hohlräume, die durch die Zinnerzgewinnung mittels Feuersetzen in sog. Weitungsbauen entstanden. Die Größe des Einbruchtrichters an der Erdoberfläche betrug anfangs ca.2 ha. Durch den weiteren Erzabbau vergrößerte sich die Pinge bis zur Einstellung des Zinnerzbergbaues auf zwölf Hektar Fläche, fast 150 m Tiefe und 450 m Durchmesser.
Bei der Pingenbesichtigung dürfen die Besucher unter fachkundiger Führung vom sonst abgesperrten Pingenrand aus einen Blick in die Tiefe des Einbruchtrichters werfen und gelangen anschließend bei einer etwa halbstündigen Wanderung vorbei an einigen übertägigen Bergbaudenkmalen am „Neufang“ bis hin zum Bergbaumuseum.

Text: Dr.-Ing. Schlauderer

Zinnwald

Das Besucherbergwerk „Vereinigt Zwitterfeld zu Zinnwald“ besteht aus zwei Teilobjekten: „Tiefer-Bünau-Stollen“ und dem „Museum Huthaus“.
Die bedeutsame Erzlagerstätte von Zinnwald war auf böhmischer Seite in der Mitte des 15. Jahrhunderts entdeckt worden. Im sächsischen Teil begann der Bergbau erst in der zweiten Hälfte des 16. Jahrhunderts.
Der Bergbau beschränkte sich zunächst auf die Gewinnung von Zinnerzen. Mitte des 19. Jahrhunderts kam der Abbau von Wolframerzen dazu, und seit 1890 wurde außerdem noch „Zinnwaldit“ (Lithiumglimmer) bis zum Ende des zweiten Weltkrieges gefördert.
Für das Berbaugeschehen beiderseits der Ländergrenze ist der im Jahre 1686 angesetzte Tiefer-Bünau-Stollen höchst wichtig gewesen. In diesem Stollen ist 1992 ein räumlich sehr ausgedehntes Besucherbergwerk eröffnet worden.
Das „Museum Huthaus“ entstand aus dem 1756 errichteten Gebäude, welches ursprünglich eine Bergschmiede war. Seit dem Jahre 1853 gehört dieses Gebäude zu „Vereinigt Zwitterfeld zu Zinnwald“. Es wurde ein typisches Huthaus des sächsischen Bergbaues.
Im Erdgeschoß dieser Zechenhäuser befand sich die Betstube und Aufbewahrungsräume für Werkzeuge (Gezähe), Erze und Materialien sowie bei kleineren Gruben wie hier in Zinnwald auch manchmal die Bergschmiede. Im Obergeschoß lag die Wohnung des Bergverwalters, der alles „behütete“. Schon seit 1913 ist das Huthaus technisches Denkmal.

Text: Wolfgang Barsch

Geising

Bergbaude „Kohlhaukuppe“ und Silberstollen

Der Schaustollen liegt in ca. 2,5 km Entfernung von Geising im romantischen Erdbachtal und wird durch die Mitarbeiter der Bergbaude Kohlhaukuppe betreut.
Der Stollen existiert schon seit dem 16. Jahrhundert und wurde in Etappen bis 1864 betrieben. Die Altbergbauanlage zeigt in nahezu unverändertem Originalzustand 250 Jahre Bergbaugeschichte. Der Besucher erhält einen Einblick in das harte Arbeitsleben der Bergknappen vergangener Jahrhunderte.

Text: Besucherbergwerk

Olbernhau

Saigerhütte mit Technischem Museum und Kupferhammer

Die Saigerhütte Olbernhau-Grünthal wurde 1537 von Hans Leonhard gegründet. Sie ging 1550 in den Besitz der Familie Uthmann über. 1567 erwarb der Kurfürst August von Sachsen die Saigerhütte. Bis 1873 blieb sie in Staatsbesitz.

Das Saigerverfahren wurde vermutlich um 1430 in Nürnberg erfunden und war eine Abfolge hüttenmännischer Prozesse zur Entsilberung des Rohkupfers. Damit wurde sowohl hochwertiges Gar- oder Raffinadekupfer produziert als auch erhebliche Mengen Silber, das als Währungsmetall zum wirtschaftlichen Aufschwung des frühbürgerlichen Kapitalismus im 16.Jahrhundert beitrug. Das Saigerverfahren war über Jahrhunderte die bedeutendste und zugleich komplizierteste Technologie der Kupfermetallurgie zur Entsilberung von Rohkupfer.

Auch für den erzgebirgischen Bergbau wurden zur Erhöhung der Silberausbeute größere Saigerhütten erforderlich. Grünthal war ausgewählt worden, weil hier zur Erzeugung der Holzkohle ein umfangreicher Waldbestand und zum Betreiben der Wasserräder die Flüsse Natzschung

und Flöha das notwendige Aufschlagwasser lieferten. Die Saigerhütte war gleichzeitig Zentrum der Kupferverarbeitung in Sachsen. Vier Hammerwerke mit 15 Hämmern gehörten einst zum Komplex. Hier entstand das begehrte Dachkupfer. Es zeichnete sich durch hohe Qualität aus und überzog sich bereits nach kurzer Zeit mit der schönen grünen Patina. Über 400 Gebäude in Europa tragen bzw. trugen Kupferblech als Dachhut aus den Grünthaler Hammer- und Walzwerken.
Der Althammer wird heute noch voll funktionsfähig vorgeführt. Im Freilichtmuseum kann die Funktion der Herde und Öfen nachvollzogen werden.
Die 22 noch erhaltenen Gebäude im Denkmalkomplex zeugen von einer privilegierten Gemeinde, ausgestattet mit allen Rechten und Pflichten, wie Gerichtsbarkeit, Schulwesen, Brau- und Schankrecht. Das Haus des Richters, die Hüttenschule, Zimmerhaus, selbst Teile der einst wehrhaften Mauer sind noch zu sehen.

Text: G. Will, Verwaltungsleiterin

Die Saigerhütte, einst Zentrum der Kupferverarbeitung in Sachsen. Über 400 Gebäude trugen bzw. tragen das begehrte Dachkupfer aus den Grünthaler Hammer- und Walzwerken.

Uhlsdorf

Besucherbergwerk „Segen-Gottes-Erbstollen“

Schon im 13. Jahrhundert wurde am Ullersberg erfolgreich nach Silbererz gegraben. Somit ist das Gebiet am Ullersberg eines der ältesten Bergbaureviere des Erzgebirges. Mit der Erschöpfung der oberflächennahen Erzlager geht jedoch die Bergbauperiode im Jahre 1592 zu Ende. Ab 1713 versuchte man erneut, den Grubenbetrieb mit der Erschließung tiefer liegender Erzgänge aufzunehmen. Hierzu war es auch erforderlich, Entwässerungsstollen anzulegen. So entstand in einer ausgezeichneten Schlägel- und Eisen-Arbeit von 1739 bis 1749 der „Segen Gottes Erbstollen“. Die Ergiebigkeit der Erzgänge setzte sich in der Tiefe nicht im erhofften Maße fort, so daß der Bergbau am Ullersberg aus Rentabilitätsgründen 1800 endgültig zu Ende ging.
1980 begann eine Gruppe interessierter Bürger mit der Erforschung, Erschließung und Bewahrung bergbauhistorischer Zeugnisse des Ullersberger Bergbaureviers. Zusammengeschlossen in der „Arbeitsgemeinschaft Altbergbau/Geologie Westsachsen e.V.“versuchen die Mitglieder dieser Gruppe die Bergbaugeschichte wieder lebendig werden zu lassen. Der in beschränktem Umfang auch öffentlich zugängliche „Segen-Gottes-Erbstollen“ bietet dem Besucher einen guten Einblick in das historische Bergbaugeschehen.

Text: Dr .Wolfgang Faust (Auszug)

Marienberg

Einer der bedeutendsten Sachsen, Heinrich der Fromme, gründete die Bergstadt Marienberg, welche 1523 das Stadtprivileg mit Bergfreiheit und Marktrechten erhielt. Nach Planung des Bergmeisters Ulrich Rülein von Calw entstand die Stadt in einem Schachbrettmuster von einmaliger Schönheit, wobei alle Straßen rechtwinklig zueinander liegen.
Die Zeit des gewinnbringendsten Silberbergbaues im Raum Marienberg lag im 16. Jahrhundert. Er soll sogar die Silberausbeute der Bergstadt Annaberg übertroffen haben.
Schließlich fand im gleichen Gebiet in den Jahren 1947 -52 ein ebenfalls erfolgreicher Uranerzbergbau statt.

Stadt- und Heimatmuseum „Im Zschopauer Tor"

Die Heimatschau befindet sich im letzten erhaltenen Torturm der etwa vor 450 Jahren errichteten Stadtbefestigung. Allein durch sein gewaltiges Balkenwerk ist das Bauwerk architektonisch interessant.
Rund 270 m^2 Ausstellungsfläche in vier Etagen beeindrucken den Besucher immer wieder neu. Besonderer Anziehungspunkt sind die sieben mechanischen Berge und die Vielfalt der originellen Schnitzarbeiten. Die „Stülpner- Ecke" zieht besonders jüngere Besucher in ihren Bann. Neben weiteren Exponaten erzgebirgischer Volkskunst und der Stadtgeschichte Marienbergs werden in der Ausstellung Mineralien, Tier- und Pflanzenpräparate präsentiert. Steigt man zur Turmspitze hinauf, bietet sich dem Betrachter ein imposanter Ausblick über die Stadt Marienberg, in vier verschiedene Richtungen.

Text: Harbort

Denkmal „Heinrichs des Frommen“, Gründer der Bergstadt Marienberg

Worterklärungen

Ausbeute	*Menge (Ertrag) des gewonnenen Minerals oder Erzes.*
Berghabit	*Der erstmals in einer Bergpredigt um 1616 genannte Begriff für die Arbeitskleidung des Bergmannes. Später wurde diese in besonderer Anfertigung nur noch speziell als Paradekleidung besonders bei Bergaufmärschen getragen.*
Bergmeister	*Der aus dem Stand der Bergarbeiter zum Bergbeamten aufgestiegene technische und administrative Leiter des Revierbergbaues (alter Titel aus der Zeit des Silberbergbaues).*
Erzgang	*Gesteinsspaltenausfüllung durch metallhaltige Minerale.*
Fahrten	*Bergmännische Bezeichnung für Leitern.*
Firste (First)	*Obere Begrenzung eines Grubenbaues, Stollns.*
Förderschacht	*Bergbauliche Anlage, in der Material, Gesteinsmasse und Personen mit Hilfe eines Förderkorbes aus- und eingefahren werden.*
Fundgrube	*Alte Bezeichnung für bergbauliche Anlage zum Abbau von Mineralien und Erzen (wurde früher dem Finder verliehen, der als erster einen Erzgang erschlossen hatte).*
fündig	*Auffinden von Erzen oder Mineralien.*
Geigerzähler	*Technisches Gerät zum Messen der radioaktiven Strahlung.*
Gesenk	*Ein meist senkrechter Grubenbau (getäufter Schacht).*

Geleucht	*Hand- oder Kopflampe des Bergmannes.*
Geophysik	*Die Wissenschaft, welche sich mit den physikalischen Eigenschaften bzw. Vorgängen auf der Erde und ihren Inneren befaßt.*
Haspel	*Einfache Fördereinrichtung im Bergbau, in alter Zeit mit Muskelkraft bewegt.*
Hauer (Häuer)	*Bergmann, der vor Ort tätig ist und meist mit Bohrgeräten den Vortrieb schafft (in alter Zeit mit Schlägel und Eisen).*
Hunt	*Eiserner Wagen zum Transport von Erzen und Gestein (auf Schienen).*
Kerndrehbohrung	*Methode der Tiefbohrung, bei der ein zylindrischer Gesteinskern gewonnen wird, der eine Untersuchung des Gebirges gestattet.*
Mundloch	*Eingangsöffnung zu einem Stollen.*
Querschlag	*Ein seitlich von einem Stollen abführender Gang.*
Schacht	*Ein von der Erdoberfläche senkrecht oder stark geneigt in die Tiefe führender Grubenbau.*
schürfen	*Nutzbare Mineralien aufsuchen durch bergmännische Arbeit, meist oberflächennah.*
Sohle	*Boden eines Stollens oder Grubenbaues.*
Stollen (Stolln)	*Waagerecht in einen Berg führender Gang.*
Strecke	*Horizontaler Grubenbau im Berginneren.*
Tiefbohrung	*Ein Verfahren, welches der genauen Untersuchung der Gebirgsschichten unterhalb der Erdoberfläche dient.*

Vermesser/ Markscheider	*Bergbeamter, der in einem Bergbaubetrieb die anfallenden Vermessungsarbeiten über- und untertage verantwortlich durchführt.*
Vortrieb	*Vorankommen beim Bau von Gruben, Stollen, Niederbringen von Bohrungen.*
taubes Gestein	*Gesteinsmasse, die keine Erze oder abbauwürdige Mineralien enthält. Wird meist übertage auf Halden abgelagert.*

Adressen

Kalkwerk Lengefeld	09514 Lengefeld
Frisch Glück „Glöckl“	08349 Johanngeorgenstadt, Wittigstaler Str.
Pferdegöpel/Förderverein e.V.	08349 Johanngeorgenstadt, Eibenstocker Str. 100
Museum der Stadt Aue	08280 Aue, Bergfreiheit 1
Besucherbergwerk Pöhla/Wismut GmbH	08280 Aue, Schlemaer Straße 49
Museum für bergmännische Volkskunst	08289 Schneeberg, Obere Zobelgasse 1
Bergbau Museum Oelsnitz/Erzgebirge	09376 Oelsnitz, Pflockenstraße
Zinngrube Ehrenfriedersdorf und Besucherbergwerk und Mineral. Museum	09427 Ehrenfriedersdorf, Am Sauberg 1
Binge/Geyer Fremdenverkehrsgebietsgem.	09468 Geyer, Altmarkt 1
Stolln „Gott gib Glück mit Freuden“ in Breitenbrunn, Herr Walter Schmidt	09117 Chemnitz, Klingerstraße 22
Schaubergwerk „Herkules-Frisch-Glück“	08358 Waschleithe, Talstraße 11
Besucherbergwerk „Markus-Röhling-Stolln“ Frohnau/Schönfeld	09488 Schönfeld, Sehmatalstraße 15
Besucherbergwerk „Im Gößner“ und Erzgebirgsmuseum, Annaberg-Buchholz	09456 Annaberg-Buchholz, Große Kirchgasse
Dorothea Stolln/Himmlisch Heer	09456 Cunersdorf, Dorotheenstraße 2
Schaubergwerk „Zum Tiefen Molchner Stolln“ in Pobershau	09496 Pobershau, Amtsseite Dorfstraße 67
Bergbauschauanlage „Bartolomäusschacht“ in Brand-Erbisdorf	09614 Brand-Erbisdorf, Stadtverwaltung
Freiberger „Himmelfahrt-Fundgrube“	09596 Freiberg, Fuchsmühlenweg 9
Schaustollen „Neubeschert-Glück-Stolln“	01773 Altenberg, Mühlenstraße 2
Besucherbergwerk Vereinigt Zwitterfeld	01773 Zinnwald/Georgenfeld, Goetheweg
Bergbaude „Kohlhaukuppe“ und Silberst.	01778 Geising, Lindenallee 10
Denkmalkomplex „Saigerhütte“	09526 Olbernhau, In der Hütte 10
Besucherbergwerk „Segen Gottes Erbst.“	09116 Chemnitz, Waldenburger Straße 63
Stadt- u. Heimatmuseum „Im Zschopauer Tor“	09496 Marienberg, Im Zschopauer Torturm
Schacht 371/Uran Wismut GmbH	08280 Aue, Schlemaer Straße 49
Besucherbergwerk „Heilige Dreifaltigkeit“	09405 Zschopau
Techn. Schaudenkmal „Silberwäsche“	08359 Antonsthal
IG Historischer Bergbau	08321 Zschorlau, Talstraße 1
Schaubergwerk Felsendome Rabenstein	09117 Chemnitz, Weg nach dem Kalkwerk 5